Alice et le diadème

Caroline Quine

Alice et le diadème

Traduction d'Anne Joba

Illustrations de Philippe Daure

HACHETTE
Jeunesse

SÉRIE *ALICE* DANS LA BIBLIOTHÈQUE VERTE

Alice et la soucoupe volante
Alice et l'ancre brisée
Alice et le mauvais présage
Alice et la bague du gourou
Alice et le symbole grec
Alice et le secret de la vieille dentelle
Alice à Venise
Alice et le secret du parchemin
Alice et le carnet vert
Alice et les chats persans
Alice et l'œil électronique
Alice et les trois clefs
Alice et la poupée indienne
Alice et les marionnettes
Alice et les Hardy Boys super détectives
Alice et le robot
Alice et le flibustier
Alice et les magiciens
Alice et les diamants
Alice et la rivière souterraine
Alice chez le grand couturier
Alice chez les Incas
Alice en Écosse
Alice et le violon tzigane
Alice au Canada
Alice et les plumes de paon
Alice et la diligence
Alice et le diadème
Alice et l'esprit frappeur
Alice écuyère

L'ÉDITION ORIGINALE DE CE ROMAN A PARU EN LANGUE ANGLAISE CHEZ GROSSET & DUNLAP, NEW YORK, SOUS LE TITRE :

THE PHANTOM OF PINE HILL

Hachette, 79, boulevard Saint-Germain, 75006 Paris.

Chapitre 1

Voleurs fantômes

Alice Roy fixa sur l'employé du motel un regard incrédule.

« Mais j'avais retenu deux chambres! »

L'homme eut un geste agacé.

« Je suis désolé, mademoiselle. Plus un lit disponible! Les visiteurs venus assister à la grande semaine de l'université d'Emerson les occupent tous. »

Les deux jeunes filles qui accompagnaient Alice tournèrent vers leur amie un visage navré. L'une d'elles, Marion Webb, brune à l'allure décidée, protesta vigoureusement.

« C'est intolérable! La direction n'avait pas le droit de disposer de nos chambres. »

La cousine de Marion, la blonde et jolie Bess Taylor, semblait désemparée.

« Qu'allons-nous faire, Alice? demanda-t-elle.

— Tiens, lui répondit son amie, la voici, ta réponse : Ned Nickerson. »

Un beau jeune homme, à l'allure sportive, s'avançait à grandes enjambées vers elles, le sourire aux lèvres. Ned et ses deux amis, Daniel Evans et Bob Eddleton, avaient invité Alice, Bess et Marion à la fête de l'université qui se célébrait, chaque année, en juin. Après avoir joyeusement salué Ned, Alice lui fit part de leurs ennuis.

« Ne t'inquiète pas, dit-il aussitôt, je vais te dénicher un logement, à condition toutefois que, pendant ton séjour ici, tu consentes à élucider un mystère.

— Un mystère ? Oh ! quelle chance ! » s'écria Alice, les yeux brillants de joie.

Ned se dirigea vers une cabine téléphonique et composa un numéro. Au bout de quelques minutes, il revint, visiblement satisfait. « J'ai appelé l'oncle d'un de nos jeunes professeurs qui habite, dans les environs, un manoir ancien assis sur une colline couverte de pins ; d'ailleurs, on l'appelle la Butte aux Pins. Ce manoir est entouré d'un très beau parc qui dévale jusqu'à la rivière. Son propriétaire, célibataire endurci, n'a pour toute compagnie que sa gouvernante, femme bonne et distinguée qui lui est très dévouée.

— Continue, dit Alice en secouant les boucles d'or qui lui auréolaient le visage.

— Il se nomme John Rorick, oncle John pour tout le monde. Il aime beaucoup les jeunes et nous invite souvent, mes camarades et moi.

— C'est chez lui que tu veux nous loger ? interrogea Bess qui avait hâte de trouver un gîte.

— Oui. Il a tout de suite accepté de vous recevoir et m'a même remercié quand il a su qu'Alice était une détective amateur et que,

Marion et toi, vous étiez ses fidèles adjointes. Il se passe d'étranges choses dans son manoir!»

A cette dernière phrase, le visage rieur de Bess s'assombrit. Elle protesta :

«Je n'ai pas la moindre envie de me jeter au-devant d'un danger ; c'est pour me distraire que Daniel m'a invitée à venir ici.

— C'est aussi ce que m'a promis Bob, ajouta Marion. Cela dit, parle-nous un peu de ce mystère. J'aimerais savoir en quoi il consiste.

— Chut! fit Ned en baissant la voix. Il faut que vous attrapiez le fantôme de la Butte aux Pins.

— Attraper quoi? s'écria Bess.

— Oncle John vous racontera tout. Je vais téléphoner à Bob et à Daniel pour les mettre au courant du changement survenu dans notre programme et je vous conduirai à *La Pinède.* C'est le nom du manoir.»

Les jeunes filles remirent leurs valises dans le cabriolet d'Alice et les quatre amis s'y entassèrent, Ned prit le volant. Ils traversèrent la petite ville qui occupait l'extrémité d'une anse formée par un affluent de l'Ohio. Au bout d'un moment, ils s'engagèrent sur une route secondaire d'où l'on voyait au loin l'eau miroiter.

«Une des attractions de la grande semaine de juin, dit Ned, sera une reconstitution de la vie des premiers colons dans la vallée de l'Ohio; elle aura lieu dans cette petite baie. Nous serons parmi les figurants, Daniel, Bob et moi.

— Nous louerons des places au premier rang, déclara Bess. Cela va être trop drôle de vous voir costumés. Que porterez-vous?

— C'est un secret», répondit Ned.

Quelques minutes plus tard, il s'écria :

«Nous y sommes.»

Il tourna à gauche, monta une avenue sinueuse et freina devant l'entrée d'une maison de style colonial. La porte s'ouvrit, livrant passage à un homme grand, aux cheveux gris, aux yeux bleus, qui s'avança sur le perron.

«Bonjour, Ned, dit-il. C'est mon jour de chance. Un bouquet de jolies détectives! Me voilà le plus heureux des hommes!»

Ned fit les présentations, M. Rorick pria aussitôt les jeunes filles de l'appeler oncle John et leur souhaita la bienvenue. Ensuite, il s'effaça et sa gouvernante apparut sur le seuil. Il la prit amicalement par le bras et dit :

«Mme Holmann, une perle qui prend un soin jaloux de moi et, à l'occasion, n'hésite pas à me tyranniser.»

Un sourire taquin accompagnait ces derniers mots. Mme Holmann rougit, heureuse du compliment.

Les jeunes filles remercièrent leur hôte de son aimable accueil.

«Merci mille et mille fois, oncle John. En témoignage de reconnaissance, nous nous efforcerons de trouver votre fantôme, puisqu'il vous importune. C'est du moins ce que j'ai cru comprendre, parce que Ned n'a pas été très explicite sur ce point; il s'est contenté de faire allusion à un fantôme.»

Tout en parlant, Alice regardait Mme Holmann. Elle rappelait singulièrement à la jeune fille sa chère Sarah, qui lui tenait lieu de mère depuis sa plus tendre enfance. Demeuré veuf après quatre ans de mariage, M. Roy, avoué de grand renom, homme intègre et respecté de tous, avait reporté toute son affection sur sa fille, l'initiant de bonne heure à ses affaires et lui confiant de petites enquêtes. Alice volait de ses propres ailes depuis deux ou trois ans, et de nombreuses personnes lui confiaient le soin d'élucider des mystères qui les laissaient perplexes ou de retrouver des biens volés par d'insaisissables criminels. Loin d'en tirer vanité, la jeune fille s'appuyait sur l'expérience de son père et s'aidait de ses conseils.

Ned sortit les valises du coffre de la voiture et suivit M. Rorick qui entrait dans le manoir avec les jeunes filles. Aussitôt le seuil franchi, les trois amies se sentirent chez elles. Les murs du grand vestibule étaient recouverts de boiseries en chêne sculpté. Sur le sol dallé, un vaste tapis persan jetait une note colorée. Il régnait là une accueillante atmosphère qui semblait inviter les hôtes de passage à s'attarder.

Alice remarqua cependant, dans le fond à gauche, une porte fermée par un gros cadenas. « Est-ce à cause du fantôme ? » se demanda-t-elle.

Ned annonça qu'il lui fallait regagner l'université. Alice proposa de le reconduire ; il refusa, disant qu'elles avaient juste le temps de défaire leurs valises et de s'habiller pour la réception que quelques-uns de ses camarades organisaient à Oméga, la maison qu'ils habitaient sur le campus.

« Je vais prendre le car qui s'arrête un peu plus bas sur la route. A bientôt ! »

Après qu'il fut parti, Mme Holmann conduisit les trois amies au premier étage où elle leur avait préparé deux chambres contiguës. Comme elles étaient plaisantes avec leur papier à personnages et leurs lits à colonnes! Alice s'installa dans la plus petite des deux, puis rejoignit ses amies et la gouvernante.

«Quelle vue ravissante!» s'exclama Bess en courant à la fenêtre.

Au-dessous s'étendait un jardin de roses et une immense pelouse au gazon velouté. Au fond, un bosquet de pins à travers lequel on voyait scintiller l'eau.

«C'est l'anse des Pionniers, dit Mme Holmann. Un peu après 1700, les ancêtres de M. Rorick descendirent la rivière sur un bateau à fond plat et abordèrent ici. Séduits par la vue que l'on a de cette colline, ils construisirent une cabane en rondins et, par la suite, édifièrent le manoir.»

De l'autre côté de la baie, les divers bâtiments de l'université s'étageaient sur une petite éminence.

«Comme c'est beau! soupira Alice.

— Oui, et c'était plus beau encore, le soir au clair de lune, dit Mme Holmann. C'était... car à présent tout me paraît enlaidi...»

La gouvernante marqua une pause. Alice crut voir une expression de peur s'inscrire sur son visage. Les jeunes filles attendirent que Mme Holmann achevât sa phrase. Enfin, la voix altérée, elle reprit :

«Oui, à présent le fantôme rôde parmi les arbres telle une gigantesque luciole.

— Vous l'avez vu? demanda Alice, intriguée.

— Non, entrevu seulement. M. Rorick vous racontera ses méfaits. Descendez quand vous serez prêtes.»

Elle sortit. Curieuses d'apprendre la suite, les jeunes filles suspendirent rapidement robes et manteaux dans la penderie et s'empressèrent de rejoindre leur hôte qui les attendait au pied de l'escalier d'honneur. Il les fit entrer dans le salon — une pièce de belles dimensions, meublée dans le style XVIIIe.

Oncle John, puisque c'était ainsi qu'elles avaient été invitées à l'appeler, les pria de s'asseoir dans des fauteuils recouverts de tapisserie au petit point.

« Je parie que vous brûlez de savoir tout ce qui concerne le fantôme de la Butte aux Pins, commença-t-il avec le sourire. Il semble désirer quelque chose qui se trouverait dans ma bibliothèque. Un jour, je me suis aperçu que des livres avaient été déplacés ; j'ai aussitôt fait vérifier la fermeture des fenêtres et poser un gros cadenas à la porte ; sans doute l'avez-vous remarqué. Or, ces précautions n'ont nullement découragé le mystérieux intrus — que j'ai baptisé fantôme —, et il continue à nous rendre visite.

— Voilà qui est bizarre, fit Marion. Avez-vous découvert des indices qui pourraient indiquer ce qu'il cherche ?

— Pas le moindre. Mme Holmann s'entête à croire que c'est un fantôme qui traverse les murs. »

Alice voulut savoir si M. Rorick gardait de l'argent dans sa bibliothèque.

« Oui, mais je ne crois pas qu'on y ait touché. Il se peut toutefois que j'aie mal vérifié ; je suis d'un naturel très étourdi. »

Il riait en faisant cet aveu et les trois amies

joignirent leur rire au sien. Redevenant grave, le vieux monsieur reprit :

« Puisque je suis en veine de me confesser, je dois vous avouer que l'idée qu'un fantôme se promène dans ma maison me donne la chair de poule.

— Comme je vous comprends ! approuva Bess du fond du cœur. Quant à moi, j'espère bien ne jamais en voir un de ma vie. Pour plus de sûreté, je dormirai la tête sous les couvertures.

— Et moi, déclara Alice, j'espère rencontrer cette apparition sous sa forme humaine ; je suis persuadée que c'est ou un mauvais plaisant ou un individu en quête d'un mauvais coup. La première chose à faire est de découvrir par où il s'introduit dans votre bibliothèque.

— Pas maintenant, protesta Bess. Nous n'avons que le temps de nous habiller si nous ne voulons pas être en retard. N'oublie pas qu'on nous attend. »

Alice jeta un regard à son bracelet-montre et constata que son amie avait raison.

« En tout cas, dit-elle, je me mettrai à l'œuvre dès que possible. »

Peu après, les trois jeunes filles, jolies dans leurs robes fraîches, se dirigeaient vers le campus. Une joyeuse animation régnait dans la maison Oméga où se donnait la réception. Etudiants et invitées bavardaient en buvant des jus de fruits glacés et en grignotant des petits fours. Alice, Bess et Marion connaissaient la plupart des jeunes gens et des jeunes filles car elles venaient à presque toutes les fêtes organisées par Emerson. Très fiers d'elles, Ned, Bob et Daniel les promenaient de groupe en groupe.

Bob et Daniel étaient, comme Ned, des garçons sportifs, excellents joueurs de football. Bob était blond et trapu, Daniel blond et mince.

Un grand jeune homme âgé d'environ vingt-cinq ans, la mâchoire tombante, vêtu d'une veste blanche mal ajustée, s'approcha d'Alice et de Ned. Il portait un plateau chargé de verres remplis de citronnade et arborait un sourire un peu niais. Comme il arrivait près d'Alice, le plateau oscilla et les verres répandirent leur contenu sur la jeune fille avant de tomber à terre en se brisant.

« Vous ne pourriez pas faire un peu attention, Fred ? gronda Ned, mécontent.

— Pardonnez-moi », marmonna le serveur en se baissant pour ramasser les débris.

Alice jeta un regard navré sur sa jolie robe blanche, maintenant toute tachée.

« Il ne me reste plus qu'à aller me changer », dit-elle à Ned.

Il offrit de la conduire à *La Pinède,* et ils partirent aussitôt. Prévenus par le bruit du moteur, M. Rorick et Mme Holmann se portèrent à leur rencontre et furent désolés lorsqu'ils apprirent l'incident.

« C'est ce maladroit de Fred Braul qui en est la cause, dit Ned. Il travaille parfois chez vous, n'est-ce pas ?

— Oui, répondit la gouvernante. Il est maladroit mais je m'y suis habituée. Ce n'est pas facile de trouver des aides temporaires. Puis-je vous aider, Alice ?

— Oh ! non, merci. Ne vous dérangez pas. »

Elle monta l'escalier en courant, enleva sa robe et la remplaça par une autre, en soie imprimée. «J'ai envie de mettre mon collier de perles, cela l'éclairera un peu», décida-t-elle. Elle prit l'écrin dans sa valise, l'ouvrit et poussa un cri de stupeur.

Il était vide!

Alice ferma les yeux un moment, refusant de croire à la réalité. Une pensée lui traversa l'esprit. Serait-ce le fantôme qui aurait volé son collier?

Elle remit l'écrin en place, referma la valise et, lentement, descendit au rez-de-chaussée. L'idée d'annoncer à M. Rorick ce qui venait d'arriver lui déplaisait; pourtant, il était de son devoir de le faire, d'autres vols pouvant encore se produire d'ici peu.

Pauvre M. Rorick! Il fut si navré d'apprendre la disparition de ce collier qu'il parla tout de suite d'en acheter un autre à la jeune fille. Mme Holmann prit une expression à la fois compatissante et terrorisée. Quant à Ned, il ne maîtrisa qu'avec peine sa colère.

«Je vous en prie, oncle John, dit Alice, ne vous tourmentez pas pour ce collier, mon père l'avait fait assurer. Ne croyez-vous pas plutôt qu'il faudrait aviser la police?

— Oui, je vais m'en occuper. Repartez vite vous amuser.»

Alice tint à rédiger auparavant une brève description du bijou volé; puis elle remonta en voiture avec Ned.

«Eh bien! fit celui-ci avec un sourire un peu moqueur. Toi qui aimes le mouvement, l'animation, tu dois être contente! Ce n'est pas mal pour une seule journée!

— Oui, reconnut Alice, mais je regrette tout de même mon collier. »

Après le dîner, les étudiants et leurs invitées dansèrent avec entrain. A minuit, les jeunes filles regagnèrent le manoir et s'écroulèrent sur leur lit où elles s'endormirent aussitôt.

Un léger craquement réveilla Alice.

« Tiens, on dirait qu'il y a quelqu'un en bas », se dit-elle.

A l'instant, elle se mit debout, enfila sa robe de chambre, des pantoufles et sortit de sa chambre. Sans bruit, elle avança sur le palier, plongea son regard dans l'escalier. D'abord, elle n'entendit rien, puis, soudain, une porte grinça. Quelques secondes après, dans le vestibule faiblement éclairé par de grandes fenêtres, elle vit une ombre passer et disparaître.

Elle eut vite fait de réfléchir. Fallait-il réveiller les autres habitants du manoir ? Non, cela risquerait d'alerter l'intrus qui s'enfuirait alors sur-le-champ.

« Bah ! mieux vaut que je me débrouille seule », conclut-elle, et, lentement, prudemment, elle descendit une à une les marches de l'escalier.

Chapitre 2

Le naufragé

Parvenue au rez-de-chaussée, Alice s'immobilisa. Pas le moindre bruit. Quelqu'un la guettait-il dans un recoin du vestibule? Un frisson lui parcourut le dos.

Tout à coup, une porte se referma doucement. A en juger d'après le son, Alice pensa que ce devait être la porte de la cuisine qui donnait sur le jardin de derrière. Déjà accoutumée à l'obscurité, elle prit cette direction.

Passant devant une fenêtre, elle vit le parc et la pelouse; la lune les éclairait. Alice promena son regard de gauche à droite sans discerner aucune silhouette humaine. L'intrus se serait-il évaporé dans l'air?

Soudain, une petite lumière se balança dans la pinède, et la jeune fille se rappela une remarque de Mme Holmann à propos du fantôme. «Etait-ce lui qui se promenait dans le manoir?» se demanda Alice. Bien que ne croyant pas à l'intervention d'un être surnaturel, elle appelait fantôme le mystérieux mauvais plaisant qui troublait la paix de M. Rorick et de sa gouvernante.

Elle domina à grand-peine son envie de sortir et de courir jusqu'au bosquet de pins. Tout en étant très courageuse, elle savait écouter la voix de la raison qui lui commandait de ne pas se précipiter inutilement au-devant du danger. Et puis elle se rappelait avoir promis à son père d'être prudente.

Après s'être assurée que l'inconnu n'avait forcé ni porte ni fenêtre, elle remonta se coucher. Malgré cette interruption dans son sommeil, elle fut la première levée le lendemain matin.

Elle s'habilla et descendit au rez-de-chaussée où elle se mit en quête d'indices susceptibles de la renseigner sur le visiteur nocturne et sur ses mobiles.

Le cadenas placé sur la porte de la bibliothèque était toujours bien fermé.

« Il n'a pas pu s'introduire dans cette pièce, se dit-elle. D'ailleurs, il n'est pas passé devant moi quand j'étais au pied de l'escalier. »

Une autre porte attira son attention — elle s'ouvrait au fond du vestibule, à gauche. Alice fit quelques pas et franchit le seuil d'une ravissante salle à manger dont les murs étaient recouverts de boiseries. Au centre, une grande table en acajou massif et d'élégantes chaises du même bois tapissées de velours semblaient attendre des convives. De très belles porcelaines anciennes ornaient la desserte.

Contre le mur séparant la salle à manger de la bibliothèque, se dressait une grande cheminée de briques, surmontée d'une tablette.

De chaque côté étincelaient des appliques de cuivre.

Sur la paroi opposée, une porte donnait accès à l'office; c'est par là qu'Alice pénétra dans la cuisine.

A ce moment, Mme Holmann entrait elle-même. En apprenant que le manoir avait reçu une visite imprévue au cours de la nuit, elle pâlit.

«Ce qui se passe ici est horrible! Et dire que le commissaire de police ne veut pas nous croire; parfois, j'ai eu l'impression qu'il me soupçonnait d'inventer des histoires dans le seul dessein de me rendre intéressante.

— Oh! certainement pas. En voilà des idées!» se récria Alice.

Avec un soupir, Mme Holmann se mit en devoir de préparer le petit déjeuner. Alice lui promit de l'aider lorsqu'elle se serait assurée de quelque chose et, sans préciser ses intentions, elle retourna dans la salle à manger, s'approcha de la cheminée, se pencha en avant et martela de ses mains les parois enduites de suie. Elle espérait entendre un son creux, révélant l'existence d'un passage secret entre cette pièce et la bibliothèque. Rien. Au bout d'une dizaine de minutes, elle renonça.

Mme Holmann et Alice achevaient de mettre le couvert quand M. Rorick, Bess et Marion entrèrent gaiement. M. Rorick portait un costume de voyage; il devait se rendre, leur dit-il, à une réunion d'anciens camarades de collège qui se tenait à Harmor, petite ville située à deux cent cinquante kilomètres d'Emerson.

« J'espère bien que mon mystère sera élucidé quand je reviendrai, ajouta-t-il.

— C'est le souhait que je forme aussi », répondit Alice.

Et elle raconta l'incident survenu au cours de la nuit. Ses amies et M. Rorick l'écoutèrent, stupéfaits.

« C'était peut-être un voleur en chair et en os et non pas notre fantôme, suggéra M. Rorick.

— Je ne crois pas, intervint Mme Holmann. J'ai compté l'argenterie, il ne manque aucune pièce. »

Bess plongea sa cuiller dans une moitié de pamplemousse.

« Je me demande quel est le pire : les voleurs ou les fantômes? dit-elle. En tout cas, je leur serais reconnaissante de me laisser en paix. »

Cette remarque détendit l'atmosphère, et tous terminèrent leur repas avec entrain. Puis M. Rorick se leva et promit de remettre la clef de la bibliothèque à Mme Holmann afin que, dans l'intérêt de l'enquête, sa « jeune amie détective » puisse y pénétrer chaque fois qu'elle le désirerait.

« Merci beaucoup, oncle John, dit Alice.

— Avant de m'en aller, peut-être aimeriez-vous que je vous parle de la famille Rorick et vous retrace brièvement son histoire? reprit-il.

— Oh! oui, je vous en prie. Il est possible qu'il y ait un lien entre cette histoire et le fantôme, suggéra Alice.

— Hum! Je n'y avais pas songé. Après tout, pourquoi pas? Ce lien pourrait être les cadeaux perdus. »

Les jeunes filles écoutèrent avidement ce qui suivit.

« Quand mon ancêtre George Rorick vint dans cette région, il amenait avec lui son épouse, une jeune aristocrate française. Elle conserva des relations très étroites avec sa famille et, lorsque sa fille Abigaïl fut sur le point de se marier, ses oncles et cousins français lui envoyèrent un coffre rempli de présents. Malheureusement, le navire qui l'apportait, un vapeur nommé *Lucie Belle,* sombra dans le fleuve, pas très loin de l'anse des Pionniers, à la suite d'une explosion qui s'était produite dans la machine. Quelques jours auparavant, Abigaïl avait reçu une lettre accompagnée d'une clef. J'ai conservé cette clef dans mon coffre. Mon aïeule accrocha la lettre au mur de la bibliothèque, où elle est encore. Attendez, je vais la chercher. »

Il se leva, se dirigea vers la bibliothèque et en revint une minute plus tard, tenant une lettre encadrée. Datée de 1840, cette lettre était rédigée en français ; l'écriture avait la netteté et l'élégance caractéristiques de cette époque. Les jeunes filles essayèrent de traduire le texte, mais n'y réussirent pas, les termes n'étant plus couramment usités.

M. Rorick retourna le cadre. Collée au dos, il y avait une traduction en anglais. L'auteur de la lettre envoyait, au nom de sa famille et au sien, félicitations et vœux de bonheur aux futurs époux. Il annonçait qu'un coffre contenant des présents partait le jour même à bord d'un cargo et arriverait à temps pour les noces.

« Comme c'est intéressant ! fit Bess qui, très

romantique, s'attendrissait toujours à l'évocation du passé. En quoi consistaient ces présents, le savez-vous, oncle John?

— Oui : une robe de mariée, un voile en dentelle, un éventail, des escarpins et un cadeau assez particulier. »

Alice poursuivait la lecture de la lettre. A cette époque, l'oncle d'Abigaïl occupait un poste important à la cour du roi Louis-Philippe. La reine elle-même avait choisi le tissu de la robe, ainsi que le voile. L'éventail, une « splendeur », était un gracieux présent de la souveraine des Français.

« Cette parure devait être très belle ! dit Alice, rêveuse.

— Quel était l'autre cadeau envoyé par sa famille à Abigaïl ? demanda Marion qui gardait les pieds sur terre.

— Je l'ignore, répondit M. Rorick, mais il était sans nul doute d'un grand prix. On raconte que, lorsque la *Lucie Belle* sombra, presque tous ceux qui étaient à son bord périrent. Quelques passagers et membres de l'équipage auraient été cependant sauvés ; sans doute n'emportèrent-ils que de menus objets — et encore ! Nous n'avons jamais su si le coffre était allé au fond. En ce temps-là, personne ne pouvait plonger à la profondeur voulue pour fouiller les épaves. La carcasse du navire a certainement dérivé et doit être enfouie sous plusieurs pieds de vase.

— Oui, mais qui sait si, depuis, des plongeurs munis de scaphandres n'ont pas tenté de s'emparer de ce qu'elle pouvait contenir de précieux », reprit Alice.

M. Rorick eut un sourire amusé.

« Ne laissons pas courir notre imagination. L'histoire de la *Lucie Belle* est oubliée.

— Savez-vous ce qu'il est advenu des rescapés, oncle John ? demanda Alice.

— Je n'en ai pas la moindre idée. Il se peut que la réponse vous soit donnée par un des nombreux livres qui dorment dans ma bibliothèque et que je n'ai pas encore eu le loisir de feuilleter. »

Bess voulut savoir si la *Lucie Belle* venait directement de France.

« Non, répondit M. Rorick. Le coffre avait traversé l'Atlantique à bord d'un vapeur faisant route sur Baltimore, ensuite il avait été transporté par diligence à Pittsburgh où on l'avait embarqué sur la *Lucie Belle.* Abigaïl l'avait noté dans son journal intime. »

M. Rorick remporta la vieille lettre dans la bibliothèque, puis alla chercher sa valise. Quelques minutes plus tard, il prenait gaiement congé des jeunes filles et montait en voiture. Les trois amies le suivirent longtemps du regard en faisant un signe d'adieu.

Alice prétendait se rendre sur-le-champ dans la bibliothèque ; elle en fut empêchée par l'arrivée d'un jeune inspecteur qui venait relever ses empreintes digitales. Chargé de mener l'enquête au sujet du collier, il était déjà venu la veille au soir, après le départ d'Alice.

Lorsqu'il fut reparti, Mme Holmann ouvrit le cadenas et laissa les trois amies pénétrer dans la bibliothèque. Comme la salle de séjour, cette pièce, tout en longueur, s'étendait d'une façade de la maison à l'autre.

« Que de livres! s'exclama Bess. Il doit y en avoir des milliers. »

Les quatre murs étaient couverts de livres alignés sur deux rangs de profondeur. Beaucoup étaient très anciens et fragiles. Une première inspection permettait de constater qu'ils traitaient de sujets variés.

Deux grandes fenêtres placées à chaque extrémité dispensaient une lumière agréable. Toutes deux avaient un système de fermeture très sûr. La cheminée était la réplique exacte de celle de la salle à manger et se trouvait au même emplacement sur le mur de séparation entre les deux pièces.

Alice se demanda de nouveau s'il n'existait pas un passage les reliant. Pourtant, aucune empreinte n'était visible sur les cendres et les morceaux de bois noircis.

« En tout cas, s'il y a une ouverture secrète, se dit-elle, le fantôme ne l'a pas franchie. »

Ne voulant rien négliger, elle scruta les briques, les martela, chercha une imperceptible fissure, sans aucun résultat. Cela fait, elle examina l'ameublement; très simple, il se composait d'un grand bureau, de plusieurs tapis d'Orient, d'un coffre-fort placé sous la fenêtre de façade, d'un divan de cuir et de trois gros fauteuils en cuir également.

« Un endroit idéal pour travailler et réfléchir, dit Marion. Alors, Alice, quand commençons-nous la chasse au fantôme?

— Je propose de chercher d'abord parmi ces livres ce qui l'attire dans cette pièce. Madame Holmann, voudriez-vous nous dire si quelque chose manque : statuettes, pendules de valeur, bibelots, que sais-je ? Bess, viens m'aider à rouler ces tapis. Il se peut qu'ils dissimulent une trappe. »

Au bout d'un moment, la gouvernante déclara que rien ne manquait, du moins dans la mesure où elle pouvait en juger. N'ayant pas découvert de trappe, Alice et Bess remirent les tapis en place. Mme Holmann s'apprêtait à quitter la bibliothèque quand Marion s'écria :

« Oh ! Par exemple ! Devinez ce que je viens de trouver ! »

Chapitre 3

Singuliers portefeuilles !

Mme Holmann, Bess et Alice s'empressèrent de rejoindre Marion qui brandissait un livre ouvert. Elles écarquillèrent les yeux à la vue de plusieurs billets de banque.

« Seigneur ! s'exclama la gouvernante. Commnent tout cet argent est-il venu là ? »

La mine perplexe, Marion répondit :

« Je n'en sais ma foi rien. J'ai remarqué que ce livre était posé le titre à l'envers. Machinalement, j'ai voulu le remettre dans le bon sens et voilà ce que j'ai découvert. »

Vivement, Mme Holmann compta les billets :

« Cent cinquante ! » dit-elle.

Alice jeta un regard sur la page ouverte et vit qu'elle portait à droite le chiffre 150. Elle le fit remarquer aux autres. La gouvernante remit l'argent en place et referma le livre ; les jeunes filles purent lire le titre : *Le Rodéo, ses origines.*

Bess se mit à rire :

«Je parie que l'oncle John a trouvé ce moyen ingénieux de cacher son argent. La première syllabe Ro est la même que la première syllabe de son nom : Rorick, ce qui lui permet de se rappeler le titre de "l'ouvrage portefeuille".»

Intéressée par cette supposition, Mme Holmann proposa de la vérifier sur-le-champ et, ensemble, elles inspectèrent les rayonnages. Elles constatèrent que plusieurs livres placés à gauche de la cheminée commençaient par les lettres R et O.

«Je parie qu'il les a tous rangés de ce côté, dit Alice.

— Tiens, regarde!» s'écria Bess en montrant un ouvrage qu'elle venait de prendre.

Il était intitulé *Robert le Conquérant* et, à la page 200, elles comptèrent dix billets de vingt dollars. Peu après, Marion trouvait un *Robinson Crusoé* et, à la page 50, un billet de cinquante dollars.

Qui d'autre que l'oncle John aurait pu inventer un tel système de coffre-fort? Et cela alors qu'il en possédait un!... Le fantôme avait-il eu vent de l'histoire? S'était-il déjà approprié plusieurs billets?

«Tout cela est bel et bon mais ne nous explique pas comment il s'introduit dans cette pièce, grommela Mme Holmann. Allons, ajouta-t-elle, je vous laisse le soin d'y réfléchir; il est grand temps que je m'occupe du ménage et de la cuisine.»

Après son départ, les trois amies continuèrent leurs recherches et trouvèrent plusieurs autres livres commençant par la même syllabe. La somme totale des billets qu'ils contenaient s'élevait à un chiffre impressionnant.

Bess poussa un soupir.

« C'est bien la banque la plus originale dans laquelle je sois jamais entrée ; il est vrai que je ne pratique pas beaucoup ce genre d'établissement. Mon argent de poche ne me permet pas de songer à me faire ouvrir un compte.

— Pas étonnant ! répliqua aussitôt Marion. Tu le dépenses avant même de le recevoir. »

A ce moment, la pendule posée sur le manteau dc la cheminée sonna onze coups.

« Dépêchons-nous d'aller nous habiller, dit Bess. On nous attend à midi ; vous savez bien que nous sommes invitées à Oméga.

— C'est vrai, fit Alice, je l'oubliais. On ne nous attendra pas pour donner le départ de la course. »

Ce même après-midi, plusieurs équipes de rameurs disputaient la coupe de la saison. C'était la finale entre Emerson et Wellbart. Ned était chef de nage pour Emerson. Chaque équipe avait remporté six victoires au cours de l'année. La lutte promettait d'être chaude.

Soigneusement, Alice ferma le cadenas de la bibliothèque et rendit la clef à Mme Holmann ; puis les trois amies montèrent se changer. Elles choisirent des robes de sport simples mais très seyantes, se coiffèrent avec goût et partirent en cabriolet pour la maison Oméga où elles furent accueillies par un groupe de jeunes gens et de jeunes filles. La réunion était animée, le bruit assourdissant ; c'était à qui encouragerait les représentants d'Emerson.

Ned entraîna Alice à l'écart.

« Si je n'échappe pas au plus vite à ce vacarme, il ne me restera plus aucune énergie pour la course. Allons déjeuner sous les arbres. Je vais chercher deux assiettes anglaises à la cuisine. »

Il conduisit Alice sous un haut chêne, à quelque distance de la maison, puis repartit. Quelques minutes plus tard, il revenait avec deux assiettes en carton remplies de mets très appétissants.

« Crois-tu que je puisse manger tout cela sans risquer de faire couler l'esquif? » demanda-t-il en riant.

Alice l'ayant rassuré, il reprit :

« Dis-moi, as-tu découvert le voleur fantôme?

— J'ai été à deux doigts de l'attraper », répondit Alice.

Elle lui raconta l'épisode nocturne et lui parla de la *Lucie Belle.* Ned l'écoutait avee attention. Elle s'apprêtait à le mettre au courant des découvertes faites dans la bibliothèque, lorsqu'une guêpe atterrit au beau milieu de son assiette. Effrayée, elle se rejeta en arrière et aperçut Fred Braul à demi dissimulé derrière le chêne.

Ned le repéra aussi et lui demanda un peu rudement :

« Que faites-vous ici? »

Le visage de Fred s'empourpra et il balbutia :

« Je... je venais m'informer si vous aviez besoin de quelque chose.

— Nous sommes capables de nous servir nous-mêmes. Vous feriez mieux de retourner à votre travail. N'êtes-vous pas chargé du buffet? »

Le serveur s'empressa de s'éloigner.

« Il nous épiait, sans aucun doute, dit Alice. Dans quelle intention, c'est ce que j'aimerais savoir. Puisqu'il travaille, à l'occasion, chez M. Rorick, ne crois-tu pas qu'il est au courant du mystère ?

— En tout cas, s'il ne l'était pas, il l'est maintenant. Il a dû entendre tout ce que nous disions. Espérons qu'il ne racontera pas l'histoire dans toute la ville. »

Sur ces paroles, Ned se leva. Il était temps qu'il aille se mettre en tenue. Il tint à raccompagner Alice jusqu'à la maison Oméga où elle retrouva ses amies.

« N'oublie pas que nous vous avons retenu des places au premier rang, dit-il en la quittant. Encouragez-nous de la voix et du geste. »

Peu après, Alice, Bess, Marion, Bob et Daniel s'installaient sur la rive, au-dessous des bâtiments de l'université. Un orchestre d'étudiants entama un air joyeux. Les bannières d'Emerson et de Wellbart se mirent à claquer au vent, brandies par des centaines de mains.

Bess était pâle d'anxiété.

« Je suis d'une sottise incorrigible, confia-t-elle à Daniel. Les compétitions me mettent les nerfs à vif. Je suis trop bon public.

— Pour être franc, répondit Daniel, je ne me sens pas calme non plus. L'équipe de Wellbart est très forte. »

Quelques minutes plus tard, une voix annonçait dans le haut-parleur que le départ allait être donné. Alice se raidit et s'agrippa des deux mains à son siège. Un coup de pistolet déchira l'air. Les légères embarcations fendirent l'eau.

D'un même élan, les spectateurs se levèrent

pour mieux suivre la course. Les deux équipages, muscles tendus, fendaient la rivière, côte à côte. Enfin, un canot dépassa l'autre de quelques centimètres.

« Oh ! s'exclama Bess, le front rembruni, c'est Wellbart qui mène. »

Les mots venaient à peine de s'échapper de ses lèvres que l'équipe d'Emerson rattrapait son retard et prenait même un peu d'avanee.

« Emerson est en tête ! » cria Marion, le visage radieux.

Comme les deux embarcations abordaient l'anse, l'équipage de Wellbart fit un nouvel effort et enleva une demi-longueur à ses adversaires.

« Ned ! Ned ! Force ! » hurla Alice.

Emerson fonça, le barreur stimula son équipage et lui fit gagner un quart de longueur. Alice et ses amies s'époumonaient, criaient à tue-tête des encouragements à l'équipe d'Emerson.

Les partisans de Wellbart ne se montraient pas moins ardents à soutenir les efforts des leurs.

« Faites-leur voir un peu qui nous sommes ! » tonnait un jeune en agitant une bannière aux couleurs de Wellbart.

L'instant d'après, les deux embarcations volaient de nouveau côte à côte. Les clameurs augmentèrent d'intensité.

La ligne d'arrivée était toute proche. Les deux barreurs accéléraient la cadence, lançaient des ordres.

Le cœur d'Alice battait à tout rompre. Elle était à bout de souffle et n'avait presque plus de voix. Les ongles enfoncés dans ses paumes, elle ne quittait pas Ned des yeux.

« Nage! Nage! Il faut que tu gagnes », ne cessait-elle de murmurer.

Tout à coup, les deux embarcations franchirent la ligne.

Aussitôt, tous s'écrièrent :

« Qui a gagné? Qui a gagné? »

Daniel se pencha vers Bess.

« Seule la photo pourra les départager, dit-il. Il faut attendre quelques minutes. »

Le silence se fit sur la foule. Dans leurs canots, les hommes, avirons levés, semblaient figés.

Enfin, l'arbitre principal s'approcha du micro, le sourire aux lèvres.

« Vous attendez tous avec impatience la proclamation des résultats. Permettez-moi cependant de dire que je n'ai encore jamais assisté à une aussi belle course. Je tiens à féliciter tous les concurrents de leur exploit et de leur excellent esprit sportif. L'étude du film ultra-rapide de la course indique que la victoire revient à Emerson.

— Bravo! Bravo! » hurlèrent les partisans d'Emerson.

Les membres de l'équipage de Wellbart joignirent leurs acclamations à celles qui s'élevaient de toutes parts.

L'équipe victorieuse salua avec les avirons, puis regagna le hangar.

« Je n'ai jamais vu une lutte aussi passionnante, dit Bess. Je suis épuisée! »

Cette remarque lui attira un sourire ironique de sa cousine Marion.

« Plus épuisée que les membres des deux équipes! railla-t-elle. Pauvre sportive en pantoufles! »

Après avoir revécu en paroles les diverses phases de la course, Alice, Bess, Marion et leurs deux fidèles compagnons attendirent Ned. Au bout d'une demi-heure, il arriva aussi frais que s'il revenait d'une simple promenade et reçut avec plaisir les félicitations de ses amis.

« Merci. La course a été rude. J'ai bien cru que nous allions la perdre. Vive les caméras rapides! Sans elles, aucun arbitre n'aurait pu dire en son âme et conscience qui d'Emerson ou de Wellbart l'emportait. »

Lorsque la première excitation se fut apaisée, Ned demanda à Alice si cela lui ferait plaisir de faire une promenade en canot avec lui.

« Bien sûr! répondit-elle avec enthousiasme. Montre-moi l'endroit où la *Lucie Belle* s'est engloutie. »

Ayant pris congé de leurs amis, Alice et Ned se rendirent au hangar des bateaux. Alice proposa de pagayer, Ned se mit à rire :

« Ne crains rien, je ne suis pas fatigué. Me prendrais-tu pour une mauviette? Manier une pagaie me paraîtra un jeu après l'effort que nous venons de donner. »

Il traversa la baie et longea le rivage opposé.

« Après t'avoir quittée tout à l'heure, dit-il, je me suis rappelé un incident survenu, un jour que j'étais à la bibliothèque de l'université. Cela se passait il y a quelques semaines. Deux hommes ont attiré mon attention par leur attitude embarrassée; debout derrière une rangée de livres, ils s'entretenaient à voix basse. Je suis sûr qu'ils n'appartenaient pas à l'université. A un moment donné, l'un d'eux a parlé du "trésor des Rorick". Alors, j'ai tendu l'oreille. Ils n'ont rien dit d'autre et sont partis. Je ne les ai pas revus depuis. »

Alice parut intéressée.

« C'est assez curieux. Quel genre avaient-ils? Les as-tu bien observés?

— Non. Toutefois, j'ai remarqué sur la table un livre qu'ils avaient sûrement compulsé. Il s'agissait d'un ouvrage historique sur les premiers bateaux qui naviguaient sur l'Ohio.

— Ils devaient chercher des renseignements sur la *Lucie Belle,* conclut Alice. Ned, si jamais tu les revois, tâche de découvrir leur identité.

— A votre service, mademoiselle la détective », répondit Ned.

Elle lui parla ensuite du coffre de mariage envoyé à la jeune Abigaïl Rorick.

« Ces hommes espèrent sans doute le retrouver. Ils s'imaginent peut-être qu'il a été débarqué et enfoui quelque part dans les bois qui entourent le manoir. Cela expliquerait la lumière que promène le fantôme.

— Possible, répondit Ned, très laconique.

— Je voudrais mieux connaître l'histoire de la *Lucie Belle* et de son naufrage.

— Je ne sais pas grand-chose à ce sujet, mais je peux te raconter ce que j'ai appris sur la région, si tu consens à écouter une conférence faite par le professeur Nickerson.

— Avec plaisir, répondit Alice en souriant.

— Vers 1810, les habitants de cette vallée éprouvèrent des difficultés à se procurer de l'argent. Les dollars étaient si rares qu'ils prirent l'habitude de les fragmenter. On n'avait pas encore inventé la monnaie de papier. Que ne vivais-tu à cette époque! Tu les aurais rapidement tirés d'embarras.

— Cesse de te moquer de moi et choisis quelque chose de plus intéressant.

— C'est bon. Ne te fâche pas. Pendant la ruée vers l'or de 1849, les ports de l'Ohio servirent aux prospecteurs. Ils y emmagasinaient leurs provisions, sel compris. Tu ignores sans doute que la grande richesse de la vallée de l'Ohio était le sel. Depuis le commencement des temps, le sel est indispensable à l'homme et aux animaux. A l'ère préhistorique, les hommes n'étaient pas les seuls à être attirés le long de ces rives, il y avait aussi les mammouths, les élans géants, les buffles.

— Continue, dit Alice comme Ned faisait mine de s'arrêter.

— Le professeur Nickerson consent à te raconter encore une histoire et puis ce sera tout. »

Alice éclata de rire. Imperturbable, Ned poursuivit :

« Dans cette région, les Indiens craignaient que les hommes blancs ne s'emparent de leur territoire, aussi attaquèrent-ils et brûlèrent-ils toutes les colonies de peuplement. L'armée américaine réussit à mettre un terme à leurs raids en 1794. »

La Butte aux Pins était maintenant toute proche. Alice leva les yeux vers la pente qui montait à travers bois jusqu'au manoir. Tout à coup, elle perçut un éclat lumineux : celui du soleil reflété par du verre.

« Ned, quelqu'un nous surveille avec des jumelles. Regarde là-haut, entre les arbres... »

Ned posa la pagaie et tourna la tête dans la direction indiquée par Alice.

« Tu crois que c'est ton fantôme ? » demanda-t-il.

Alice haussa les épaules et, clignant des yeux, essaya de distinguer qui les épiait.

Tous deux entendirent le bruit d'une vedette à moteur, mais ils n'y prêtèrent pas attention. Soudain, ils se rendirent compte qu'elle était très proche. Ils se retournèrent et, horrifiés, virent qu'elle fonçait droit sur eux.

Ned plongea sa pagaie dans l'eau et tenta une manœuvre désespérée, tandis qu'Alice hurlait et faisait de grands gestes pour alerter le pilote du bateau. Penché sur la roue, le visage invisible, celui-ci semblait ne rien entendre, ne rien regarder.

Une seconde plus tard, il heurtait le canot de plein fouet. La légère embarcation jaillit de l'eau et chavira, envoyant par-dessus bord Alice et Ned.

Chapitre 4

Mystérieuses empreintes

Alice et Ned furent projetés dans l'eau et disparurent quelques secondes. Presque ensemble, ils refirent surface et, en quatre ou cinq mouvements de brasse, ils se rejoignirent.

« Tu n'es pas blessée ? demanda Ned.

— Non, mais quelle peur j'ai eue ! » fit Alice en souriant pour rassurer Ned dont le regard inquiet semblait ne pas ajouter foi à ce « non ».

Ils nagèrent vers le canot retourné ; les pagaies étaient brisées, la coque portait une profonde balafre, mais, heureusement, n'était pas crevée.

« Quel gâchis ! » fit Ned, très ennuyé.

Les deux jeunes gens discutèrent un moment sur ce qu'il convenait de faire. La rive étant proche, ils décidèrent de pousser la légère embarcation jusque-là. Quand elle serait à sec sur le sable, ils se rendraient à travers bois au manoir Rorick pour y changer de vêtements.

« Crois-tu que le pilote l'ait fait exprès ?

demanda Ned quand ils eurent repris pied sur le sable. Tu le voyais de face. A quoi ressemblait-il ?

— Je ne l'ai pas bien observé. Peut-être qu'il ne savait tout bonnement pas conduire une vedette à moteur. »

Ned hocha la tête, peu convaincu, et les deux jeunes gens commencèrent à escalader la petite falaise. En arrivant aux premiers arbres, ils regardèrent à droite et à gauche afin de s'assurer qu'on ne les épiait pas. Personne en vue.

« Je reconnais que l'individu aux jumelles a détourné mon attention, fit Ned. Quand j'ai entendu la vedette, j'aurais dû pagayer plus vite et m'écarter de sa route.

— Je ne comprends pas comment l'homme qui était à la roue ne nous a pas aperçus.

— Autrement dit, tu te rallies à mon opinion : c'est de propos délibéré qu'il nous a fait chavirer. »

Alice lui fit une grimace mais ne répondit pas. Il faisait frais sous les pins, et le froid commençait à pénétrer ses vêtements trempés qui lui collaient au corps.

« Pressons-nous ! » dit-elle enfin, et elle accéléra l'allure.

Ned la suivit sans plus discuter.

Mme Holmann accourut à leur coup de sonnette et les regarda avec stupeur.

« Que vous est-il arrivé ? Pourquoi êtes-vous dans cet état ? »

En quelques mots, Alice la mit au courant de l'aventure. La gouvernante prit aussitôt une expression soucieuse.

« C'était le fantôme qui vous surveillait du haut de la falaise, et un de ses complices pilotait la vedette.

— C'est possible », répondit Alice en frissonnant.

Mme Holmann se montra pleine de sollicitude. Elle conseilla à la jeune fille de prendre un bain chaud avant de passer des vêtements secs. Pendant ce temps, elle allait s'occuper de Ned et lui prêter un complet de sport appartenant à M. Rorick.

« Venez avec moi », lui dit-elle.

Sur la première marche, Alice se retourna :

« Madame, auriez-vous une pagaie ici ? »

La gouvernante répondit qu'il y en avait plusieurs dans la cave. Ned n'aurait que l'embarras du choix.

« En ce cas, je te raccompagnerai jusqu'au rivage, Ned, dit Alice. J'aimerais repérer les traces de l'homme — car je suppose que c'en est un — qui nous guettait. »

Quelques minutes plus tard, les deux jeunes gens étaient prêts.

Alice avait enfilé un pantalon et une blouse de flanelle fine.

Elle eut du mal à retenir un fou rire à la vue de Ned. M. Rorick affectionnait les costumes voyants.

Pauvre Ned. Les taquineries ne lui seraient pas épargnées quand il retournerait au collège ; inutile d'y ajouter les siennes.

A pas lents, Alice et Ned traversèrent la pinède, attentifs à la moindre empreinte de pied ou à tout autre signe donnant à penser qu'un homme s'y était promené. Vaine recherche.

« Si c'est un fantôme qui hante ces lieux, il a des ailes, conclut Ned comme ils descendaient la falaise. Reste sur tes gardes, Alice. Je compte sur toi comme cavalière, ce soir. Bob, Daniel et moi, nous viendrons vous chercher toutes les trois à sept heures. »

Après avoir suivi Ned des yeux pendant quelques minutes tandis qu'il s'éloignait du rivage à coups de pagaie réguliers, Alice se mit à examiner le sable.

« Voyons, la personne qui nous épiait devait se tenir près de ces bouleaux », réfléchit-elle.

Du large, elle avait en effet remarqué un bouquet d'arbres au tronc argenté proche des pins. Il avait servi d'écran à l'espion. Elle se rendit à cet endroit et aperçut des empreintes de pas. Constatant le court espace qui séparait les traces laissées par des souliers d'homme assez petits, elle en déduisit qu'il s'agissait d'un homme de taille moyenne.

Les empreintes suivaient le sommet de l'escarpement puis s'enfonçaient soudain dans des buissons épais qui descendaient jusqu'au fleuve. Alice devina que l'homme s'était tenu caché dans ce taillis et avait attendu que Ned et elle eussent été à bonne distanee pour en sortir.

« Quelqu'un a dû venir le chercher en bateau, à moins qu'il n'en ait dissimulé un ici ; surpris par notre bain forcé, nous ne l'aurons pas vu », songeait la jeune fille.

L'heure avançait, Alice rebroussa chemin, toujours à la recherche de nouveaux indices.

Les ombres s'allongeaient, elle prit la direction du manoir. Brusquement, elle s'arrêta court. Venant, semblait-il, de nulle part, un petit papier blanc voletait vers elle. Comme il atterrissait à ses pieds, elle leva les yeux vers les faîtes des hauts pins. Elle ne distingua rien, ni homme ni même oiseaux ou écureuils.

« Voilà que je vais, moi aussi, croire qu'un fantôme hante ces bois », dit-elle à mi-voix en se baissant pour ramasser le papier.

Ses yeux s'écarquillèrent de stupeur : deux grandes empreintes noires s'étalaient dessus, les empreintes de deux pouces.

Pendant quelques secondes, Alice ne put bouger. Il lui était déjà arrivé de se trouver dans des situations qui semblaient tenir du surnaturel. Celle-là en était une. Elle se secoua. Non, pas de sotte crédulité ! N'avait-elle pas, chaque fois, trouvé une explication très simple ? Il importait avant tout d'élucider plusieurs points : qui avait mis ses empreintes sur ce papier et dans quelle intention ? Comment le papier était-il venu à elle ? Les empreintes étaient-elles celles du fantôme ?

Alice tira un mouchoir de sa poche et, soigneusement, enveloppa le papier. Le tenant à la main, elle reprit le chemin du manoir. Dans la pinède, le silence régnait.

Quand elle arriva enfin, Bess et Marion se trouvaient dans la cuisine en compagnie de Mme Holmann. La gouvernante finissait de leur raconter la mésaventure dont Ned et Alice avaient été victimes.

« Bonsoir, mademoiselle Catastrophe ! cria gaiement Marion. Alors, il suffit que tu restes deux heures loin de nous pour manquer périr au fond des eaux ? »

Alice éclata de rire.

« Attends d'avoir vu ce que j'ai à te montrer. Tu grogneras ensuite. »

Elle ouvrit son mouchoir. Bess poussa un cri.

« Quelle horreur. Cela me donne la chair de poule. Où as-tu pêché ce papier ? Dans le fleuve ? Ah ! non, c'est vrai, il serait mouillé.

— En effet. Tu fais une piètre détective adjointe », plaisanta Marion.

Alice raconta ce qu'elle savait..., et c'était peu.

« C'est un présage de malheur, Alice, soupira Mme Holmann. Je ne peux plus continuer à vivre ici ; ce fantôme m'épouvante. Et pourtant, que deviendrait M. Rorick sans moi ? »

D'un bras, Alice lui entoura gentiment les épaules.

« Ne vous tourmentez pas, madame, je vous en prie. Nous tirerons au clair toute cette histoire ; je vous le promets.

— Vous êtes gentille, Alice. Je vais m'efforcer de rester calme, mais faites attention à vous. »

Marion l'assura que Bess et elle veilleraient sur Alice et l'empêcheraient de commettre des imprudences.

« Et maintenant, venez, Bess et Alice, dit-elle. Il est grand temps de nous habiller si nous ne voulons pas faire attendre messieurs nos danseurs.

— Ce sont des robes du soir que nous devons mettre, leur rappela Bess. Daniel m'a annoncé qu'ils avaient tous décoré le gymnase et que l'orchestre serait excellent. »

Bess choisit une vaporeuse robe rose, Marion

en choisit une en soie vert émeraude, de forme très simple ; celle d'Alice était de coton jaune ornée de broderies blanches représentant des oiseaux et des fleurs. C'était la première fois qu'elle l'arborait ; elle espérait que Ned la trouverait à son goût.

Toujours rapide, Alice fut prête avant ses amies. Elle frappa à leur porte, passa la tête dans l'entrebâillement et cria :

« Je descends. En vous attendant, mesdemoiselles les lambines, je vais poursuivre mes recherches. »

Comme elle arrivait dans le vestibule, elle vit Fred Braul le traverser et entrer dans le salon. Il la regarda avec un mélange de surprise et d'admiration.

« Mademoiselle..., Alice, vous êtes... vous êtes ravissante. »

Ce disant, il laissa choir sur le dallage le vase qu'il portait ; celui-ci se brisa en mille morceaux.

« Voyez ce que vous me faites faire, s'exclama-t-il. Ce n'est pas permis d'être aussi belle ! »

Alice réprima un sourire et se borna à répondre :

« Je suis désolée. »

Juste à ce moment, Mme Holmann sortit de la cuisine et vit le désastre.

« Oh ! Fred, gronda-t-elle. C'était le vase préféré de Monsieur !

— Ce n'est pas ma faute, marmonna Fred. Il m'a échappé des mains.

— Ne restez pas planté là avec cet air ahuri, reprit Mme Holmann. Allez chercher un balai, une pelle et nettoyez ce gâchis. »

Mme Holmann fit signe à Alice de la suivre dans la salle à manger.

« Ne faites pas attention à Fred, dit-elle. Il est d'une maladresse incroyable. Je ne le garde que parce qu'il est très honnête. »

Se rappelant l'avoir surpris en train de les espionner, Ned et elle, Alice demanda :

« Est-il au courant de l'histoire du fantôme ?

— Oh ! non, répondit Mme Holmann sans hésiter. S'il la connaissait, il ne voudrait plus travailler ici. C'est un poltron. »

En disant ces mots, elle eut un sourire amusé en songeant sans doute à ses propres terreurs.

A voix basse, Alice avertit la gouvernante qu'elle allait se livrer à de nouvelles recherches. Fred apparut sur le seuil pour annoncer qu'il avait balayé les débris et essuyé le sol. Maintenant, il avait terminé son ouvrage.

Après son départ, Alice examina le mur de vestibule autour de la porte ouvrant sur la bibliothèque. Un panneau cacherait-il une entrée secrète ? Elle se mit à marteler le bois dans l'espoir de percevoir un son creux.

Chapitre 5

Deux espions

Tandis qu'Alice allait de panneau en panneau, les frappant chacun avec la jointure de ses doigts et tendant l'oreille, Mme Hollmann s'approcha d'elle.

« C'est la première fois que je vois un détective à l'œuvre. Montrez-moi un peu comment vous vous y prenez. »

Alice posa la tête contre le bois et y donna un léger coup, l'articulation de son index lui servant de marteau. Après avoir « écouté » la résonance sur toute la surface dont elle avait fixé les limites dans son esprit, elle soupira.

« Hélas! Ces murs sont pleins. »

Elle regarda son bracelet-montre. Il était moins tard qu'elle ne l'avait cru, elle disposait encore d'un peu de temps avant de partir pour la maison Oméga.

« Madame, auriez-vous l'obligeance d'ouvrir la porte de la bibliothèque? demanda-t-elle. Je voudrais examiner les parois de l'autre côté. »

Aussitôt la gouvernante alla chercher la clef

et ouvrit le cadenas. En pénétrant dans la pièce, elle regarda autour d'elle avec inquiétude, puis se rasséréna : rien n'avait été dérangé.

Alice sourit :

« Voyons si je vais réussir à vous montrer ce que je cherche. »

Au bout de quelques minutes de travail, elle prit un air dépité : pas le moindre panneau creux.

La gouvernante fronça les sourcils en l'apprenant.

« Quoi que vous en pensiez, il ne peut, en ce cas, s'agir que d'un fantôme. Les murs ne les arrêtent pas, eux ! »

Alice comprit qu'il serait inutile de la contredire ; mais elle n'était pas sans s'étonner qu'une personne aussi intelligente pût croire aux fantômes. Soudain, par l'effet d'une impulsion, la jeune fille alla prendre le livre intitulé : *Le Rodéo, ses origines.* Elle l'ouvrit et demeura saisie :

Il n'y avait plus que cent quarante dollars au lieu de cent cinquante. En outre, les billets avaient été déplacés et mis à la page 140 !

Une pensée qui l'effleurait depuis peu se précisa dans l'esprit d'Alice, la plongeant dans un grand trouble. La seule personne qui possédait la clef du cadenas, n'était-elle pas Mme Holmann elle-même ? Se pourrait-il qu'elle eût inventé toute cette histoire rocambolesque dans le seul dessein de dissimuler ses vols ?

« Non, c'est impossible ! réfléchit Alice, je ne veux pas envisager cela. Oui, mais c'est pour M. Rorick que j'essaie d'élucider ce mystère ;

je n'ai pas le droit de faire du sentiment et de laisser un indice de côté. »

Elle sortit de la bibliothèque. Mme Holmann la suivit et referma le cadenas.

« J'aimerais que vous m'accordiez une grande faveur », dit Alice.

La gouvernante sourit avec bonté.

« Si elle est raisonnable, ce sera volontiers. »

Alice avait décidé de mettre Mme Holmann à l'épreuve.

« Oh ! Ce n'est pas grand-chose. Pourriez-vous me confier cette clef jusqu'à demain ? En rentrant ce soir, je me cacherai dans la bibliothèque et attendrai le fantôme.

— Etes-vous bien sûre que ce soit prudent ? interrogea la gouvernante, surprise.

— Je ferai en sorte qu'il ne me voie pas.

— Un fantôme voit tout. Enfin ! Si vous y tenez, la voici. »

Mme Holmann poussa un soupir, haussa les épaules avec une sorte de fatalisme résigné et ajouta :

« Bonne chance quand même. Certes je serais contente que le manoir soit à jamais débarrassé du personnage qui le hante. Cette histoire finit par me rendre malade. »

Alice lui sourit et remonta dans sa chambre avec l'intention de cacher la clef.

« Ce soir, dès notre retour, se dit-elle, je chercherai tous les livres susceptibles de contenir de l'argent. Si parmi ceux que nous avons déjà feuilletés, il y en a où il manque des billets — ou si je constate à d'autres signes que quelqu'un s'est introduit dans la bibliothèque au cours de la soirée — , cela lavera Mme Holmann de tout soupçon. Il est vrai... qu'elle possède peut-être un double de la clef... »

La sonnerie du téléphone rompit le silence. Alice s'immobilisa une seconde sur l'escalier. Mme Holmann alla répondre :

« Oh ! non... Oh ! oui.... l'entendit murmurer Alice. Je viens tout de suite. »

Comme la gouvernante raccrochait, Alice se pencha et lui demanda :

« Auriez-vous un ennui ?

— Oui... ma nièce Jane Cork a eu un accident de voiture. On l'a transportée à l'hôpital. Son mari me demande de garder les enfants. Croyez-vous pouvoir rester toutes les trois seules ici ? Seigneur ! J'oubliais le fantôme. »

Alice rassura Mme Holmann : ses amies et elle étaient de taille à lutter avec qui que ce soit, homme ou spectre. La gouvernante fit promettre à la jeune fille d'être prudente, lui remit la clef de la porte d'entrée et, quelques minutes plus tard, elle s'éloignait dans un taxi appelé par téléphone.

Sur ces entrefaites, Bess et Marion étaient descendues, très élégantes dans leurs robes du soir. Les jeunes gens vinrent les chercher et les emmenèrent à la maison Oméga où des rafraîchissements avaient été préparés. Peu à peu, les uns après les autres, les étudiants et leurs invitées quittèrent la salle à manger pour se rendre au gymnase. Alice, Bess, Marion et leurs trois fidèles chevaliers servants s'y dirigèrent à leur tour.

Bess ouvrit la bouche de surprise :

« Comme c'est joliment décoré ! s'exclama-t-elle. Jamais je n'aurais imaginé que des garçons pussent avoir autant de goût. »

Ned, Daniel et Bob feignirent d'être très vexés ; Bob protesta :

« Prétendrais-tu que l'art est le domaine réservé des jeunes donzelles ? »

Trapèze, barres et autres appareils étaient dissimulés par des guirlandes de fleurs savamment disposées. Au centre, un parquet bien ciré attendait les danseurs. Tout autour, les tables étaient ornées de jolis bouquets.

« Bravo pour le comité chargé de la décoration ! s'écria Alice. Il mérite un ban d'honneur. »

Les jeunes gens s'inclinèrent en riant :

« Au nom de M. Nickerson, de M. Eddleton et en mon nom personnel, je vous remercie, déclara Daniel.

— Ce n'est pas une réussite, c'est un exploit », ajouta Ned avec emphase.

Les jeunes filles furent prises d'un fou rire ; un roulement de tambour se fit entendre avant qu'elles aient pu trouver la juste repartie. Le bal commençait. Pendant près d'une heure, les étudiants et leurs invitées savourèrent un délicieux souper interrompu par quelques tours de piste. Rires et plaisanteries résonnaient dans la vaste salle.

« Oh ! je vous en conjure ! fit Bess à bout de souffle. Que personne ne dise plus un mot. J'ai tellement ri que tout le corps me fait mal. »

Prenant une mine faussement apitoyée, Daniel lui proposa, sans succès d'ailleurs, de raconter des histoires tristes ; elle préféra danser. Au son d'une valse lente, Alice mit Ned au courant de ses recherches dans la bibliothèque et de la disparition d'un des billets de banque. Elle lui communiqua ensuite ses soupçons sur la gouvernante de M. Rorick.

« Non, Alice, dit vivement Ned. Je ne peux pas croire que Mme Holmann soit coupable. C'est une femme au-dessus de tous soupçons.

— Oui, au fond de moi-même j'en suis convaincue, mais j'ai le devoir de m'en assurer. Rien ne nous prouve que ce n'est pas un complice qui lui a téléphoné ce soir, afin de mettre notre vigilance en défaut. »

La jeune fille lui fit part ensuite de son intention de veiller jusqu'à l'aube, dans la bibliothèque, à l'affût d'un éventuel voleur. Ned parut inquiet.

« Je ne veux pas que tu restes seule. C'est trop risqué. J'ai bonne envie de monter la garde avec toi. Si le fantôme vient, je lui montrerai une prise de judo qu'il n'appréciera guère. »

Alice hésita avant de répondre :

« Bess et Marion seront peut-être vexées si je ne fais pas appel à elles.

— Ne t'inquiète pas, je vais leur parler. »

L'orchestre se tut. Ils regagnèrent leur table et Ned avertit Bess et Marion de ses intentions.

« C'est une excellente idée que tu as eue ! approuva chaudement Bess. Si tu savais comme je dormirai mieux sachant qu'il y a un homme dans la maison. En outre, je n'ai pas la moindre envie de veiller cette nuit. Je suis beaucoup trop fatiguée. »

Marion se déclara également en faveur de ce plan ; toutefois, Alice crut déceler une lueur malicieuse dans son regard.

« Hum ! hum ! je ferai bien de me tenir sur

mes gardes, se dit-elle. Marion me prépare quelque tour de sa façon.»

Il était près d'une heure du matin lorsque le bal se termina. Les six jeunes gens prirent le chemin du manoir Rorick. Bess proposa à ses amis de boire et de manger quelque chose et, en quelques minutes, elle eut préparé une omelette, des toasts et du chocolat au lait.

Quand tous se furent restaurés, Daniel s'étira et bâilla.

«Je meurs de sommeil. N'y aurait-il pas des divans dans cette vieille maison?

— Je crains que non, répliqua vivement Marion; mais que diriez-vous des parquets? Nous vous les offrons gratuitement.

— Charmante hospitalité! grommela Bob. Pour te punir, je ne t'aiderai pas à laver la vaisselle.»

Et, suivi de Daniel, il partit d'un pas digne tandis que retentissaient les rires de Ned et des trois jeunes filles qui, restés seuls, rangèrent la cuisine. Cela fait, Bess et Marion montèrent se coucher.

Alice ouvrit le cadenas et entra avec Ned dans la bibliothèque. Avant de tourner les commutateurs, elle tira les rideaux, veillant à obscurcir les fenêtres de manière que personne ne pût les voir du dehors. Ensuite, elle alluma et prit sur un rayon le livre intitulé *Le Rodéo, ses origines.* A son vif soulagement, les cent quarante dollars se trouvaient encore à la page 140.

Elle ouvrit *Robert le Conquérant.* Un billet de vingt dollars manquait et les billets restants avaient été replacés vingt pages en arrière. Alice continua ses recherches et s'aperçut que dans chacun des ouvrages qu'elle avait inspectés précédemment, des billets avaient été prélevés et le montant de la somme qui demeurait remis à une page correspondant à son chiffre.

« Le fantôme est revenu ici ! » s'exclama Alice.

Ned fronça les sourcils.

« Il faut enlever tout cet argent et le placer dans une banque. Ici, il n'est plus en sûreté. »

Alice en convint. Ned voulut savoir si elle avait élaboré une théorie concernant l'identité du fantôme.

« Ce ne peut être Mme Holmann ?

— Probablement pas. Pour en être plus sûre, je vais téléphoner à l'hôpital. »

Elle apprit que Jane Cork avait été victime d'un accident et que son mari était à son chevet. L'infirmière de service se montra rassurante. Elle ajouta même que les enfants avaient été pris en charge par une de leurs tantes.

« Voilà qui met tout à fait Mme Holmann hors de cause, dit Alice à Ned après lui avoir résumé sa conversation avec l'infirmière. Et nous ne sommes pas plus avancés. Qui est ce fantôme ?

— En tout cas, il me paraît inutile de continuer à veiller. Ledit fantôme ne reviendra certainement pas ce soir. »

Les deux jeunes gens réunirent tous les billets, les comptèrent et notèrent les sommes sur un bloc de papier.

« Tu vas te moquer de moi, dit soudain Ned, mais je me demande si oncle John est aussi étourdi qu'il le prétend.

— Je ne comprends pas.

— Eh bien, ne se divertirait-il pas à vos

dépens? Il possède sans aucun doute un double de la clef ouvrant le cadenas.»

La remarque surprit Alice.

«L'oncle John! Comment peux-tu imaginer cela? Il ignorait jusqu'à notre existence avant que tu le pries de nous accueillir. Or, selon Mme Holmann, les incidents mystérieux se produisent depuis plus de deux semaines.»

Ned répondit que, dans ce cas, il était possible que l'oncle John s'amusât à terroriser sa gouvernante.

Alice se rembrunit.

«Il y a un moyen très simple de savoir s'il est revenu en catimini. Demain matin, je trouverai un prétexte pour lui téléphoner là où il est censé être.»

Cela dit, Alice pria Ned d'enfouir les billets dans les poches de son veston. Puis elle éteignit les lampes, ouvrit les rideaux et, tout à coup, poussa un cri :

«La lumière! Regarde! Là-bas, dans la pinède!»

Ned aperçut une petite lueur qui se déplacait entre les arbres.

«Voilà donc notre fantôme!

— Viens vite! Allons voir!» s'écria Alice.

Ils coururent vers la porte et entendirent un gémissement faible.

«Ecarte-toi!» ordonna Ned à la jeune fille.

Il poussa brusquement la porte et fit un pas dans le vestibule. Aussitôt, un capuchon lui emprisonna la tête et il s'écroula.

Chapitre 6

Un spectre vengeur

Au cri poussé par Ned, Alice se précipita dans le vestibule. Une lampe allumée au premier l'éclairait faiblement. Elle ne vit personne d'autre que Ned se débattant pour libérer sa tête du capuchon. Vivement, elle le lui enleva et tourna le commutateur du lustre. Alors elle vit ce qu'elle tenait à la main : une taie d'oreiller.

Elle retourna auprès de Ned qui, déjà debout, fouillait ses poches avec inquiétude. Les liasses de billets y étaient encore.

« Mon assaillant n'avait pas l'intention de me voler — ou il n'en aura pas eu le temps. Tu as été si rapide ! »

Alice inspectait le sol à la recherche d'un indice. Elle se baissa, éclata de rire et se releva, tenant entre ses doigts un petit ruban de soie bleu pâle. Elle l'apporta à Ned.

« Il provient de la robe de Bess. C'est elle et Marion qui nous ont joué ce tour. »

Ils partirent à la recherche des deux coupables qui s'étaient réfugiées dans la salle à manger.

« Vous me le paierez, misérables ! fit Ned. Un de ces jours, je vous rendrai la pareille mais avec un oreiller rempli de duvet ! »

Avant de refermer à clef la porte de la bibliothèque, Alice alla jeter un coup d'œil par la fenêtre donnant sur la façade arrière. Aucune lumière ne troublait plus l'obscurité des bois.

« C'est ce que je craignais, dit-elle. Mes compliments, mesdemoiselles Marion Webb et Bess Taylor ! Vous venez de nous faire perdre une belle occasion de courir après le fantôme ! »

Voyant leurs regrets, Alice n'eut pas le courage d'insister et se déclara certaine qu'une autre chance ne tarderait pas à se présenter. Ensemble, les quatre amis montèrent au premier. Ned s'installa dans la chambre de M. Rorick, préparée pour lui.

« Bonsoir et merci, dit-il. Demain matin, je m'en irai de bonne heure. Vous dormirez encore. Tous ceux qui participent au défilé ont reçu l'ordre de se présenter très tôt.

— Ne prendras-tu pas un petit déjeuner ? demanda Bess pleine de sollicitude.

— Oh ! je mangerai quelque chose en arrivant au collège. Tiens ! Alice, prends cela. Je préfère te laisser cet argent. Il faudrait que M. Rorick, ou à son défaut Mme Holmann, te donne la permission de l'emporter hors du manoir.

— Je m'en occuperai dès mon réveil », promit Alice.

Le lendemain, quand les jeunes filles descendirent au rez-de-chaussée, Mme Holmann était de retour et préparait le petit déjeuner. Elle leur apprit que sa nièce était hors de danger et que sa sœur, la mère de la jeune femme, était arrivée au cours de la nuit et prenait soin des enfants.

« Je suis heureuse que Mme Cork aille mieux », dit gentiment Alice.

Elle mit la gouvernante au courant de sa découverte : des billets de banque avaient été pris dans les livres : Mme Holmann déclara qu'elle se sentirait plus tranquille quand la somme restante serait en sécurité dans le coffre d'une banque.

« Ne pourriez-vous pas joindre M. Rorick par téléphone et lui demander son accord ? s'enquit Alice.

— C'est une excellente idée, approuva Mme Holmann. Je vais l'appeler, vous lui parlerez vous-même. »

Elle se hâta vers l'appareil placé dans le vestibule et lorsqu'elle eut obtenu la communication avec M. Rorick, elle passa le combiné à Alice. Sur un ton enjoué, la jeune fille questionna d'abord oncle John sur sa réunion de la veille. Sans se faire prier, il se lança dans un long récit ; insistant sur sa joie d'avoir retrouvé ses anciens camarades de collège, avec lesquels il avait revécu le passé. Cela rassura complètement Alice. M. Rorick s'était bien rendu là où il l'avait dit, ce n'était donc pas lui le fantôme. Quand elle put enfin placer un mot, elle apprit à M. Rorick la disparition de quelques billets.

« Il faut que vous attrapiez notre voleur fantôme, dit M. Rorick. Cette histoire commence à m'inquiéter beaucoup.

— Je vais faire de mon mieux, mais je crains que ce ne soit long. En attendant, m'autorisez-vous à remettre l'argent à une banque?

— Confiez-le donc de ma part à l'économe de l'université. Il dispose d'un solide coffre-fort, à l'abri des voleurs. A mon retour, j'aviserai.

— Comme vous voulez; j'y vais de ce pas», promit Alice.

Vingt minutes plus tard, les trois jeunes filles pénétraient dans le bâtiment réservé à l'administration. L'économe principal était un homme charmant, grand ami de M. Rorick.

«J'enfermerai ces billets dans un dossier au nom de John, dit-il, et je le placerai dans notre coffre-fort.»

Alice le remercia, prit un reçu de la somme remise et quitta le bureau.

«Allons à la bibliothèque, dit-elle à Bess et à Marion qui l'attendaient dehors. J'aimerais procéder à des recherches sur la *Lucie Belle.*»

Les trois amies n'étaient pas des nouvelles venues à Emerson, et ce fut sans la moindre hésitation qu'elles se dirigèrent vers la vaste bibliothèque. En chemin, Alice parla aux deux cousines du livre sur la rivière et des hommes venus le consulter; leurs manières étranges avaient attiré l'attention de Ned.

La bibliothèque était abondamment fournie et le bibliothécaire en chef, M. Beckett, connaissait à merveille ses richesses. Lorsque Alice lui eut exposé sa requête, il sourit.

«Ne perdez pas votre temps ici, conseilla-t-il. Allez voir Mme Palcow qui vous contera mieux qu'un livre l'histoire d'Emerson et de sa rivière.»

Il écrivit l'adresse sur une feuille de bloc et la tendit aux jeunes filles qui partirent aussitôt.

La maison indiquée se trouvait à une courte distance du campus ; Mme Palcow était une délicieuse vieille dame de quatre-vingts ans. Petite, les cheveux blancs mousseux relevés en un gracieux chignon sur le sommet de la tête, le teint transparent, elle était alerte et très vive d'esprit. Après s'être présentée et avoir présenté ses amies, Alice exposa l'objet de leur visite.

« Entrez, je vous en prie », dit aimablement la vieille dame.

Quand les jeunes filles furent installées dans un salon meublé à l'ancienne mode, mais avec un goût raffiné, Mme Palcow commença d'une voix frêle et chantante :

« Oui, il m'arrive souvent de rêver à cette somptueuse robe de mariée, à ce voile de dentelle, à cet éventail offert par une reine, enfouis sous la vase, au fond du fleuve.

— Sait-on quelle était la nature exacte de la cargaison que transportait le navire ? demanda Alice.

— Nombreuses sont les rumeurs qui ont circulé à ce sujet. On a raconté qu'il y avait deux choses particulièrement précieuses à bord : le coffre destiné aux Rorick et plusieurs autres contenant des pièces d'or envoyées par la banque d'Angleterre à la banque d'Emerson. On prétend que les autorités locales de l'époque ont tenté l'impossible pour les arracher au fleuve mais qu'on n'a rien retrouvé. Un fait est certain : les pièces ne sont jamais parvenues à destination. »

Ces renseignements intéressèrent beaucoup

les jeunes filles. Marion voulut savoir si l'on avait une idée de la somme ainsi perdue. Mme Palcow l'ignorait.

« Elle était considérable, c'est tout ce que je peux vous dire. Le bruit a couru que des membres de l'équipage avaient provoqué une explosion, volé les pièces d'or, puis s'étaient enfuis à bord d'un canot de sauvetage.

— A-t-on avancé des noms à ce propos? intervint Bess.

— Non, non, je ne crois pas. Je ne m'en souviens pas. »

La vieille dame paraissait lasse. Alice ne voulut pas prolonger l'entretien ; elle se leva, remercia Mme Palcow de son amabilité. Celle-ci protesta gentiment :

« C'est moi qui ai été contente de vous recevoir. Il y a longtemps que les histoires d'autrefois n'intéressent plus personne et cela a été un plaisir d'en causer avec vous. Revenez me voir, je vous raconterai les incursions des Indiens dans cette ancienne colonie de peuplement qui est devenue l'université d'Emerson. La vieille ville a été maintes fois pillée, ravagée, incendiée, mais toujours les habitants y revenaient.

— Reste-t-il beaucoup d'anciennes familles? demanda Alice.

— Hélas! non. M. Rorick et moi, nous sommes les seuls descendants des premiers colons. Nous avons aidé à construire l'université, ajouta-t-elle fièrement. Certes, cela a changé notre ville ; pourtant nous ne le regrettons pas.

— Et nous vous en sommes reconnaissantes, intervint Bess avec un sourire. Grâce à vous, nous passons une semaine merveilleuse ici, au mois de juin, et nous ne manquons pas une seule fête. Assisterez-vous au défilé du cortège historique, cet après-midi?

— Oui, certainement, répondit Mme Palcow. Une jeune amie viendra me chercher.»

En sortant de chez l'aimable vieille dame, Alice et les deux cousines rentrèrent au manoir. Alice pria Bess et Marion de l'aider à chercher d'autres informations sur la *Lucie Belle* dans la bibliothèque.

«Pas avant le déjeuner, déclara fermement Bess. Je meurs de faim.

— C'est ton état perpétuel, plaisanta Marion. Tu me sembles oublier ton fameux régime.»

Bess parut vexée :

«Comment oses-tu dire cela? Moi qui ai perdu deux kilos!

— Tu vas les regagner en moins de deux si tu continues à dévorer comme tu le fais depuis notre arrivée ici», repartit l'implacable Marion.

Alice mit fin à l'escarmouche en poussant les deux cousines dans la salle à manger.

Quand elles eurent achevé leur repas, Mme Holmann les accompagna jusqu'à la bibliothèque. La porte, en s'ouvrant, leur offrit un affreux spectacle. La pièce avait été saccagée, livres et revues jonchaient le parquet, la plupart déchirés ou froissés.

«Oh! le bureau de M. Rorick a été fracturé!» gémit Mme Holmann.

Les tiroirs avaient été tirés, leur contenu jeté n'importe où.

«C'est le fantôme! s'écria la gouvernante, terrorisée. Mais pourquoi ? Pourquoi s'en prend-il à nous ? »

Marion donna la réponse qui lui venait à l'esprit :

« Furieux de ne plus trouver l'argent, ce monsieur aura voulu se venger. »

Le silence régna quelques secondes. Alice le rompit :

« Il se peut qu'il ait eu une autre raison. »

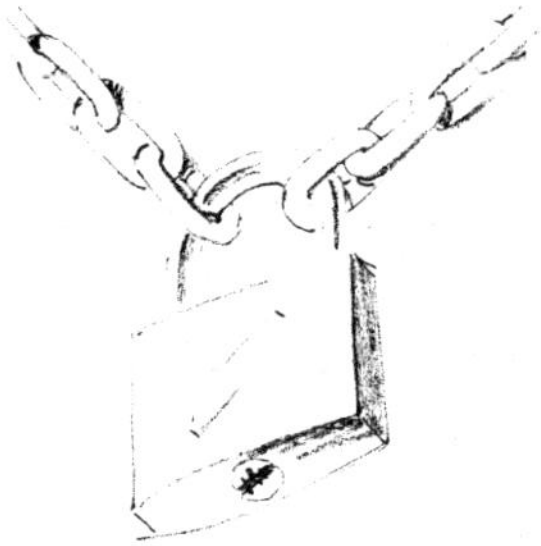

Chapitre 7

Un voleur perplexe

Debout au milieu de la pièce en désordre Mme Holmann, Bess et Marion attendirent qu'Alice exposât les mobiles qui, selon elle, auraient fait agir le mystérieux fantôme.

« S'il ne s'était intéressé qu'à l'argent, il l'aurait pris tout de suite, ne croyez-vous pas ?

— C'est assez plausible, concéda la gouvernante.

— Puisqu'il ne s'est emparé, chaque fois, que de petites sommes, poursuivit Alice, c'est sans doute parce qu'il ne voulait pas éveiller les soupçons. »

Marion approuva :

« Tu veux dire que, bien que l'oncle John ait toujours caché les billets dans un livre à la page dont le chiffre correspondait à leur montant global, il n'aurait pas été sûr de ce chiffre à une dizaine près... cent cinquante, cent quarante ?

— Exactement. Il n'aurait donc pas signalé la disparition à la police.

— Tout cela ne nous explique pas pourquoi le voleur a saccagé cette pièce», intervint Bess.

Alice répondit qu'il cherchait certainement quelque chose de plus important que des billets.

«Peut-être sait-il que nous voulons élucider un mystère et veut-il atteindre un but que nous ignorons, avant que nous ayons pu nous en douter et le découvrir.»

Bess poussa un soupir.

«Je souhaite presque qu'il ait trouvé ce qu'il voulait et ne revienne plus jamais!

— Voilà qui me ferait plaisir à moi aussi», approuva Mme Holmann.

Les jeunes filles ramassèrent papiers et livres épars en les examinant avec soin, dans l'espoir de relever un indice. Tout à coup, Bess vit un bout de papier coincé sous le bureau; elle se baissa et le ramassa. Ses yeux s'agrandirent de peur et elle cria :

«Oh! non! non!»

Ses deux amies accoururent et regardèrent. Deux larges empreintes de pouce s'étalaient sur le papier.

Alice sursauta. Les empreintes ressemblaient à s'y méprendre à celles du papier qui avait voltigé vers elle dans la pinède.

«Je vais aller le chercher», dit-elle, et elle sortit en courant.

Quand elle revint, elle compara les empreintes à l'aide d'une loupe à fort grossissement, posée sur le bureau de M. Rorick.

Elles étaient semblables!

«Pas une minute à perdre, dit-elle, je cours au commissariat pendant que vous continuez à ranger et à chercher des indices.»

Le commissaire de police était un homme assez sec. Il écouta cependant avec attention le récit que lui fit Alice. Elle lui montra les papiers portant les empreintes.

Quand elle se tut, le commissaire de police se radoucit :

«Je dois confesser, lui dit-il, que je n'avais pas accordé beaucoup de créance aux histoires de Mme Holmann. Quant au vol de votre collier, mes adjoints n'ont pas relevé dans la pièce d'autres empreintes que les siennes et les vôtres. J'ai pensé qu'ayant égaré vos perles, vous aviez imaginé qu'on vous les avait volées. Mais je vois que vous n'êtes pas une de ces personnes qui accusent avant d'être sûres. Je vais me rendre moi-même au manoir.

— C'est ce que j'espérais, répondit Alice. Quand comptez-vous y aller?

— Tout de suite.»

Quelle ne fut pas la surprise de Mme Holmann et des deux cousines en voyant Alice arriver dans son cabriolet, suivie d'une voiture de police d'où descendit le commissaire. Bess murmura à l'oreille de la gouvernante :

«Alice est très persuasive.»

Après avoir présenté le commissaire à ses amies, Alice le conduisit à la bibliothèque qu'il inspecta avec le plus grand soin. Il martela les murs avec l'articulation de son index replié, regarda à l'intérieur de la cheminée, demanda s'il n'y avait pas une trappe sous les tapis.

«Alice a déjà fait tout cela, chuchota Bess à l'oreille de Marion. Pourquoi ne pas le lui dire?

— Gardons-nous d'intervenir dans les desseins d'Alice. Nous risquerions de commettre des bévues», répondit Marion.

Quand il eut terminé, le commissaire déclara avec autorité :

«Le voleur n'a pu s'introduire ici que par la porte. Il s'est procuré un double de la clef ouvrant le cadenas.

— Mais, monsieur, intervint Mme Holmann, il n'y a qu'une seule clef à ce cadenas et le serrurier qui l'a vendu à M. Rorick lui a affirmé qu'on ne pouvait absolument pas la reproduire.»

Le commissaire fronça les sourcils. Il n'entendait pas discuter avec qui que ce soit.

«Suivez mon conseil : changez le cadenas et ne confiez la clef à personne, sous aucun prétexte.»

Bien que vexée par l'attitude du commissaire, Mme Holmann se contenta de répondre :

«C'est bon, je vais en acheter un.»

Se tournant vers Alice, elle demanda :

«Auriez-vous le temps de faire un saut en ville et d'en choisir un qui soit solide et à l'épreuve des voleurs?»

Alice jeta un coup d'œil à sa montre-bracelet et vit qu'il leur restait une bonne heure avant de se rendre à la fête.

«J'y vais tout de suite, répondit-elle, et j'espère vous rapporter un modèle qui rebutera les fantômes en chair et en os!»

Comme elle raccompagnait le commissaire, celui-ci exprima le désir de faire le tour de la propriété.

«Simple perte de temps sans doute, ajouta-t-il, car les empreintes de pied ne peuvent rien

nous apprendre. Il doit y en avoir des centaines avec toutes ces personnes qui jardinent, se promènent, cherchent des indices... »

En prononçant ces derniers mots, il avait jeté un regard entendu à la jeune fille. Elle sourit et demanda :

« Que pensez-vous de cette lumière qui se déplace dans les bois la nuit ?

— L'avez-vous vue ?

— Oui. »

Le commissaire se frotta pensivement le menton.

« Je suis convaincu qu'aucun voleur ne signalerait sa présence en allant et venant dans la pinède avec une torche électrique. Il ne peut s'agir que de personnes qui prennent des raccourcis pour gagner la plage en venant de la route. »

Alice ne fit aucun commentaire — il se pouvait que le commissaire eût raison, encore qu'elle n'eût jamais entendu dire que des inconnus traversaient la propriété de M. Rorick sans sa permission. Elle dit au revoir au commissaire, le remercia de s'être dérangé et partit acheter un cadenas. Elle trouva ce qu'il fallait dans un grand magasin d'Emerson. Le propriétaire l'assura que c'était un modèle tout à fait récent et impossible à ouvrir, si ce n'est avec la clef d'origine.

« Un serrurier même ne l'ouvrirait pas ? demanda Alice.

— Je n'irais pas jusqu'à m'en porter garant, mais il faudrait que ce soit un maître dans son art. A quoi le destinez-vous donc ? »

Alice s'en tint à une réponse vague.

« A interdire l'accès d'un appentis à des voleurs », fit-elle en riant.

Le commerçant comprit qu'il n'avait pas à poser de questions. Alice paya et se hâta de rentrer au manoir. Malgré cet achat, Mme Holmann ne put se rassurer, elle prédit que si le fantôme avait envie de s'introduire dans la bibliothèque, rien ne l'en empêcherait. Toutefois, elle permit à Marion et à Alice d'installer le nouveau cadenas qui avait deux clefs. La gouvernante en garda une et confia l'autre à Alice.

Un déjeuner froid avait été servi dans la salle à manger. Les jeunes filles et Mme Holmann mangèrent de bon appétit. Bess savoura particulièrement une délicieuse mousse au chocolat.

« Quelle merveilleuse cuisinière vous êtes, madame, dit Alice. Tout est si bon ! »

Les trois amies insistèrent pour laver la vaisselle. Pendant qu'elles étaient à l'ouvrage, on frappa à la porte de la cuisine. Bess l'ouvrit. Fred entra, les lèvres fendues en un large sourire.

« Salut, mesdemoiselles, dit-il assez cavalièrement. Il faut que je me dépêche d'expédier ma besogne ici parce que je veux assister au défilé. »

Mme Holmann entra sur ces entrefaites et lui dit de passer l'aspirateur dans le salon et dans le vestibule.

« Oui, madame », répondit-il, et il s'en alla.

Dès que les trois amies eurent terminé la vaisselle, elles se rendirent à la bibliothèque pour continuer à la remettre en ordre. Mme Holmann les accompagna, un balai et un torchon à poussière dans les mains.

Fred leva la tête.

« Ce n'est pas à vous de faire le ménage, dit-il. Laissez-moi nettoyer la bibliothèque.

— Non, merci, répondit la gouvernante. M. Rorick ne permet à personne d'autre qu'à moi de toucher à cette pièce. »

A ce moment, Fred remarqua les deux cadenas sur la porte. Il partit d'un grand éclat de rire :

« Eh bien! vous avez au moins une mine d'or là-dedans pour prendre de telles précautions. »

Mme Holmann et les jeunes filles feignirent de ne pas avoir entendu.

« Il est trop fouinard! » grommela la gouvernante.

La sonnerie du téléphone se fit entendre. Mme Holmann alla répondre. Au bout de quelques minutes, elle raccrocha, appela Alice et lui murmura à l'oreille :

« C'était le commissaire. Il m'a dit que les empreintes de pouce n'existaient pas dans les dossiers de la police. Celui qui les a laissées sur les deux papiers n'est, en tout cas, pas un voleur connu.

— Voilà qui ne va pas simplifier les choses », déplora la jeune fille.

Entre-temps, Fred avait terminé la tâche qui lui avait été confiée. La gouvernante lui commanda de ratisser les allées. Lorsqu'elle regagna la bibliothèque en compagnie d'Alice, les deux cousines avaient déjà rangé une centaine de livres.

Tout à coup, Bess s'écria :

« Un indice! J'ai trouvé un indice! »

Chapitre 8

Les Indiens attaquent

Assise sur le haut d'un escabeau, Bess feuilletait un vieux livre. Elle sauta à terre et le montra aux autres.

« Il y a tout un chapitre consacré à la *Lucie Belle,* dit-elle. Et voyez un peu ce qui est collé à la fin, sur l'intérieur du carton de la reliure : "Liste des survivants du paquebot".

— Oh ! Bess, s'exclama Alice, tu es extraordinaire ! C'est une découverte inappréciable. »

Elle compta les noms, il y en avait neuf.

« L'auteur précise-t-il où sont allés ces malheureux ?

— Non, répondit Bess. On parle de la construction de la *Lucie Belle,* qui tenait à la fois du cargo et du paquebot.

— Dit-on ce qu'elle transportait ?

— Non.

— Ecoutez un peu, interrompit Alice. Si nous nous dépêchons, nous aurons encore le temps de nous arrêter chez Mme Palcow avant d'assister au défilé. J'aimerais savoir si un de ces noms lui rappelle quelque chose.

— Je me demande à quoi cela nous mènera, protesta Bess. Ces hommes sont morts depuis longtemps.

— Oui, mais ils ont peut-être des descendants dont un ou plusieurs cherchent à retrouver le trésor perdu.

— Tu veux dire que l'un d'eux serait le fantôme? demanda Bess.

— Possible.»

Alice copia les noms sur une feuille de papier, puis les trois jeunes filles s'habillèrent rapidement et partirent en cabriolet.

Mme Palcow parut surprise de les revoir déjà. Cependant, loin de l'importuner, cette visite l'enchanta.

«Je vois à vos yeux, ma petite amie, dit-elle à Alice, que vous avez d'autres questions à me poser.»

Alice sourit et lui tendit la liste des survivants de la *Lucie Belle.*

Très étonnée, la vieille dame prit la feuille.

«Bravo! Vous êtes une excellente détective.»

S'étant assise dans un fauteuil et ayant chaussé des lunettes, Mme Palcow parcourut la liste. Enfin, elle se leva, alla vers une bibliothèque et en sortit un mince volume qui, expliqua-t-elle, donnait la généalogie des vieilles familles d'Emerson. Elle examina chaque page avec soin, se reportant souvent à la liste découverte par Bess.

«Ah! voilà! dit-elle tout à coup. Je crois avoir trouvé.

— Quoi?» demanda Alice en se penchant avec avidité.

La vieille dame lui montra que deux noms de

la liste étaient semblables à deux noms portés sur le livre qu'elle possédait ; il s'agissait bien entendu de personnes différentes, que plusieurs générations séparaient.

« Il se peut donc, dit Mme Palcow, que ce soient les derniers descendants des rescapés, puisqu'ils portent le même patronyme.

— Vivent-ils encore à Emerson ? demanda Alice.

— Oui et non. Il y a deux jeunes étudiants à l'université dont les familles résidaient ici jusqu'à l'année dernière. Elles sont parties s'installer dans l'Arizona. Ces étudiants s'appellent Tom Akim et Bill Marn. »

Les trois jeunes filles se regardèrent avec surprise.

« Nous les connaissons.

— Vous semblez avoir de nombreux amis à l'université », observa Mme Palcow en souriant.

Alice lui parla de Ned, de Bob et de Daniel, leurs fidèles amis et compagnons d'aventures, qui ne manquaient jamais de les inviter aux réjouissances organisées à Emerson.

Incapable de refréner son impatience, la jeune fille sollicita la permission de téléphoner tout de suite à Tom ou à Bill. Il se pouvait que l'un ou l'autre fût encore à Oméga où ils habitaient. A sa grande joie, ils y étaient tous les deux. Elle leur expliqua la raison de son appel.

Tom, qui lui répondit le premier, confirma qu'il descendait en ligne directe de Tom Akim, survivant de la *Lucie Belle,* officier, croyait-il, à bord de ce paquebot.

Alice exprima le désir de les rencontrer, Bill et lui, pour leur poser des questions au sujet du naufrage. Il fut convenu qu'ils assisteraient au défilé puisque, de toute façon, ni Ned, ni Bob, ni Daniel ne pourraient accompagner les jeunes filles.

« C'est une excellente idée, ajouta Alice. Nous serons au premier rang, Ned nous l'a conseillé. Voulez-vous nous y rejoindre ?

— Avec plaisir, nous y allons tout de suite et nous vous réservons trois chaises », répondit Tom.

Avant de quitter Mme Palcow, Alice l'embrassa.

« Vous avez été si gentille ! lui dit-elle. Je ne sais comment vous remercier de votre accueil. Si jamais je réussis à élucider le mystère dont je vous ai parlé, je reviendrai vous l'annoncer. »

Mme Palcow sourit.

« Je considère cela comme une promesse et je ne vous ferai grâce d'aucun détail. »

Quand les trois amies arrivèrent sur la rive, Tom et Bill les y attendaient. Ils leur avaient réservé trois sièges au premier rang et ils s'assirent aux pieds des jeunes filles.

Aussitôt, Tom commenca le récit du naufrage de la *Lucie Belle,* tel que le lui avaient raconté ses grands-parents qui le tenaient eux-mêmes de leurs grands-parents.

« Mon aïeul n'a échappé au désastre que pour être massacré par les Indiens avec quelques-uns de ses compagnons. Il s'était marié à Pittsburgh et laissait un fils ; devenu grand, celui-ci s'installa à Emerson, qui n'était guère encore qu'un village.

— Tué par les Indiens ! Quelle horreur ! s'exclama Bess.

— Les Indiens n'étaient pas coupables, au fond. Les Blancs les avaient provoqués, intervint Bill. Jusqu'à cet incident, ils entretenaient d'excellentes relations avec les colons.

— Cela me semble étrange que personne n'ait jamais cherché à arracher le trésor au fleuve, dit Marion.

— Vous voulez parler des coffres contenant les pièces d'or? demanda Tom.

— Oui.

— Quelques-uns de mes camarades ont effectué des plongées, depuis que la pêche sous-marine est devenue à la mode et que des appareils perfectionnés sont dans le commerce. Bill et moi, nous avons plongé plusieurs fois à l'endroit du naufrage.

— Et vous n'avez rien vu?» demanda Alice.

Tom éclata de rire.

«Nous n'avons même pas été capables de voir le navire. Peut-être l'avons-nous mal localisé. On prétend qu'il est enfoui si profondément dans la vase qu'on ne le retrouvera jamais. Vous ignorez peut-être que le lit de cette rivière est, en fait, une vallée sous-marine entre les deux rivages.»

Après un moment de silence, Alice s'informa :

«Est-il possible de louer des équipements de plongée à Emerson?»

La question parut surprendre Tom et Bill.

«Oui, répondit Tom. Mais ne me dites pas que vous avez l'intention de repérer la *Lucie Belle*!

— Si, j'en ai l'intention», répliqua Alice en riant de bon cœur.

Le défilé commençait. Le thème choisi était l'histoire d'Emerson, de ce désert qui, grâce à l'énergie de quelques colons et de leurs successeurs, était devenu une ville universitaire renommée. D'abord, s'avança une flottille de chalands semblables à ceux qui apportaient les marchandises dans ces territoires incultes.

Puis vinrent les péniches qui assuraient des navettes régulières lorsque la population avait augmenté.

« Oh ! voilà Bob ! » s'écria Marion.

Et elle se mit à rire aux larmes à la vue du jeune homme déguisé en capitaine avec un uniforme et une casquette d'époque. Le visage orné d'une barbe noire, il se tenait à l'avant d'une péniche, le bras tendu, criant à son équipage de débarquer le chargement de minerai de fer. Les jeunes filles lurent sur le programme qu'une forge se trouvait autrefois à l'endroit qu'il désignait de la main. Ces forges formaient de petites communautés où vivaient le forgeron, sa famille et ses ouvriers.

« Regardez. Est-ce possible ? Daniel ! » s'exclama Bess en se remettant à rire de plus belle.

Portant perruque et favoris, le jeune homme commandait une péniche chargée d'animaux ! Cochons qui couinaient, vaches qui meuglaient, chevaux qui hennissaient et ruaient. Pauvre Daniel ! Il semblait avoir un mal fou à faire tenir en place ces passagers un peu trop turbulents. Son équipage ne savait où donner de la tête.

« Je comprends pourquoi il ne voulait pas nous dire quel rôle il jouait, dit Bess. Il redoutait nos moqueries. »

Elles virent encore passer de nombreux bateaux, y compris un transporteur de sel et la reconstitution d'une église et d'une école.

Le dernier numéro était le plus remarquable. Une cabane délabrée se dressait sur une vieille carcasse de navire. A travers la fenêtre éclairée par une lampe tempête des temps jadis, on voyait un avare qui, assis à une table, comptait des pièces de monnaie.

Derrière venait une grande pirogue chargée d'Indiens. Ned tenait le rôle du chef. Comme les embarcations arrivaient près des spectateurs, Ned et ses camarades se glissèrent à bord du bateau fantôme, s'emparèrent des pièces et jetèrent l'homme à l'eau.

Puis, en hâte, les Indiens regagnèrent leur pirogue et se dirigèrent vers la rive. Ils abordèrent juste devant Alice et ses amis.

Ned sauta à terre, poussa un cri de guerre, se rua vers Alice, l'enleva dans ses bras et courut à la pirogue.

« Ned! Ned! Arrête!» s'écria Alice, très gênée.

Elle tenta de se libérer, mais les Indiens aidèrent Ned, et, en quelques coups de pagaies, la pirogue s'éloigna de la rive. Persuadés que cet incident faisait partie du programme, les assistants applaudirent, ravis.

« Ned, où m'emmènes-tu? Que fais-tu? Tu as perdu la tête?»

Ned se dressa de toute sa taille et cria d'une voix de stentor :

« Le grand chef va conduire jolie demoiselle à l'emplacement du trésor.»

Chapitre 9

Une vieille souche

La pirogue traversa rapidement la baie. Alice voulut savoir où on l'emmenait.

Ned fit une grimace taquine et, reprenant sa voix naturelle, répondit :

« Nous allons contourner la pointe de la falaise, sous la pinède. Après que vous avez quitté le manoir, tes amies et toi, mes camarades sont venus me chercher au gymnase où nous nous préparions : Mme Holmann me demandait au téléphone. C'était pour me dire que M. Rorick l'avait appelée ; il désirait te parler.

— Lui avait-il confié un message ? demanda Alice.

— Oui. Il vous prie instamment de prolonger votre séjour jusqu'à ce que vous ayez élucidé le mystère. »

Alice se mit à rire.

« Il assume un gros risque, dit-elle. Qui sait alors combien de temps nous allons rester à Emerson ?

— Le plus longtemps possible, dit Ned. A partir de lundi, Daniel, Bob et moi, nous allons travailler ferme à cause des examens à venir, mais un peu de distraction ne nous fera pas de mal! C'est même excellent pour le cerveau!»

Alice se déclara sûre que Bess et Marion ne verraient pas d'inconvénient à demeurer encore quelques jours à Emerson. Aucune obligation ne les rappelait chez elles.

«Cela dit, quel lien y a-t-il entre le coup de téléphone de Mme Holmann et cette promenade imprévue?» ajouta-t-ellc.

Ned lui expliqua que, tout en parlant à Mme Holmann, M. Rorick s'était tout à coup souvenu d'avoir entendu ses parents faire allusion à un vieux pin à propos de la *Lucie Belle.* Il était très jeune en ce temps-là et n'avait pas bien compris le sens de ces mots. Maintenant, il se demandait si ce vieux pin ne fournirait pas un indice.

«Ne me dis pas que tu as découvert le pin, dit Alice, très excitée. Où? Comment?»

Ned répondit qu'un jour, en se promenant, il avait remarqué une grosse souche sur la rive, juste de l'autre côté de la pointe.

«Evidemment, il n'y a qu'une chance sur cent mille pour que ma souche ait un lien quelconque avec le trésor, mais nous ne perdrons rien à nous en assurer. Aussi, mes amis et moi, nous avons apporté quelques outils, pelles et pioches, pour entreprendre des fouilles.»

Les pagayeurs accélérèrent la cadence et, en quelques minutes, ils arrivèrent à l'emplacement indiqué par Ned. Tous descendirent à terre et les garçons se mirent à l'ouvrage.

Au bout d'un quart d'heure de travail inutile, un des jeunes gens déclara :

« Je parie que ces forbans — les hommes de l'équipage — se sont enfuis avec tout ce qui avait de la valeur. »

Les autres rirent et se redressèrent, prêts à abandonner. Ned les supplia de persévérer.

« Ne voulez-vous donc pas votre part du butin ? » plaisanta-t-il.

Ils reprirent les recherches avec une ardeur nouvelle et étendirent le champ de leur fouille. Le silence régnait. Alice se promenait, cherchant à reconstituer en esprit la scène du naufrage, à imaginer les survivants gagnant le rivage. « Est-ce bien là qu'ils auraient abordé ? » se demandait-elle.

Tout à coup, un étudiant poussa un cri. Alice se retourna.

« Regardez ! dit-il. Une ancre ! »

Ses camarades se précipitèrent pour examiner la découverte. L'ancre était couverte de rouille. Les jeunes gens se mirent en devoir de la gratter.

Alice se disait que cette ancre était trop petite : elle ne pouvait avoir appartenu à un cargo comme la *Lucie Belle*. Néanmoins, elle suivait leur travail avec intérêt. Bientôt, un nom apparut, à peine lisible : *Rover*.

Le découragement s'empara des chercheurs qui posèrent leurs outils et s'épongèrent le front.

Ned reconnut sa défaite. Il répéta plusieurs fois à Alice combien il regrettait de lui avoir donné de faux espoirs.

« Ne sois pas navré, répondit Alice. Il ne

m'arrive pas tous les jours d'être enlevée par des Indiens, cela m'a beaucoup amusée. Et puis, j'ai eu une idée...

— Meilleure que la mienne, j'espère», coupa Ned, la mine piteuse.

Ses amis et lui offraient l'image même de la désolation. Ils avaient chaud et soif, ils étaient recrus de fatigue. Les couleurs avec lesquelles ils s'étaient grimés avaient fondu et formaient des dessins comiques sur leurs visages et leurs torses. Alice ne put se retenir de rire.

«Retournons au gymnase, dit l'un d'eux.

— Oui, c'est ce que nous avons de mieux à faire, convint Ned. Viens, Alice.»

Elle secoua la tête.

«Non. Si cela ne vous ennuie pas trop, j'aimerais regagner le manoir à travers bois.»

Elle prit les clefs de sa voiture dans son sac et les tendit à Ned.

«Aurais-tu la gentillesse de les remettre à Bess et à Marion et de les avertir que je suis rentrée?»

Ned la regarda, perplexe.

«Je préfère t'accompagner, dit-il. Je serai plus tranquille. Qui sait si le fantôme ne nous épie pas?»

Il passa les clefs à un de ses camarades, le priant de les porter à Bess et à Marion.

La pirogue s'éloigna; Ned et Alice gravirent l'escarpement. Comme ils entraient dans la pinède, Ned demanda :

«Quelle est cette fameuse idée à laquelle tu as fait allusion?»

Alice lui répondit que, selon les données historiques évoquées au cours du défilé, de nombreux Indiens auraient vécu aux alentours de la colline à l'époque d'un naufrage.

« Ils descendaient donc souvent de leurs villages jusqu'à la rivière et il est possible que quelques-uns d'entre eux aient trouvé des épaves provenant du navire et les aient emportées.

— C'est possible. J'imagine volontiers une jeune et belle Indienne arborant la parure de mariage destinée à Abigaïl Rorick.

— Pour elle, cela aurait été un déguisement comme pour vous de vous costumer en Indien, fit Alice en riant. Mais, soyons sérieux ! Je vais essayer de dénicher une ancienne carte de la région et tenter de localiser les villages indiens d'autrefois.

— Où vas-tu en chercher une ?

— Dans la bibliothèque de M. Rorick.

— Selon toi, que se serait-il passé après le naufrage de la *Lucie Belle* ?

— Si des Indiens ont volé une précieuse cargaison, il se peut qu'ils l'aient enterrée dans un endroit connu d'eux seuls, ce qui leur aurait permis de simuler la plus parfaite innocence.

— C'est assez logique. Continue.

— Il est également possible que les rescapés de la *Lucie Belle* aient enfoui dans le sol, près d'un village indien, ce qu'ils avaient arraché au fleuve, afin de le protéger des attaques d'éventuels maraudeurs en attendant d'avoir trouvé un meilleur abri dans la région.

— Je souhaite que tes recherches soient couronnées de succès, fit Ned avec un sourire las. Laisse-moi te remercier de ne pas exiger de moi que je pioche et creuse encore ce soir. Quand tu auras trouvé la carte de tes rêves, préviens-moi.»

Impatients tous deux de regagner le manoir, ils pressèrent le pas. Soudain, un hurlement de terreur perça le silence de la pinède. Ils s'immobilisèrent, le cœur battant.

«Un guet-apens!» s'exclama Alice.

Elle s'agenouilla, posa l'oreille contre le sol pour écouter et entendit des pas s'éloigner dans la direction d'où ils venaient, Ned et elle. D'un bond, elle se releva, jeta deux mots à Ned et, ensemble, ils coururent vers la falaise. Ils ne virent personne. De nouveau, Alice s'agenouilla et écouta.

Elle n'entendit plus rien. Déçue, elle parcourut systématiquement avec Ned les bois sans découvrir la moindre victime, ni le moindre assaillant.

«C'était un promeneur qui t'a pris pour un guerrier indien des temps héroïques, dit Alice, taquine.

— Je crois plutôt que ton cher fantôme a inventé ce tour dans l'espoir de nous écarter à jamais du manoir.

— Fantôme ou victime, où a-t-il bien pu passer, je me le demande?» s'inquiéta Alice.

Soucieux, les deux jeunes gens reprirent le chemin du manoir. Mme Holmann n'était pas encore rentrée et la porte était fermée à double tour.

«Elle ne saurait tarder, dit Alice. Elle assistait à la fête. Asseyons-nous sur le perron en l'attendant.»

Très fatigués, ils se laissèrent choir sur les

marches. Peu après, une automobile ramenait la gouvernante. Elle sourit à la vue de Ned et lui conseilla de se laver et de se changer avant de regagner l'université.

« Si je continue ainsi, répondit Ned, le pauvre oncle John n'aura plus un seul complet à se mettre ! »

Il monta, prit une douche et reparut dans un costume que, de toute évidence, M. Rorick réservait au jardinage.

Entre-temps, Alice avait prié Mme Holmann de venir avec elle jeter un coup d'œil à la bibliothèque. Comme elles y pénétraient, elles poussèrent un cri d'horreur.

« Oh ! non, non ! »

Tous les livres avaient été enlevés des étagères et jetés pêle-mêle à terre !

« C'est le fantôme ! C'est le fantôme ! gémit Mme Holmann en se tordant les mains de désespoir. Toutes les portes et les fenêtres étaient fermées quand je suis partie. Je les avais vérifiées avec le plus grand soin. »

Ned les rejoignit.

« Oh ! » fit-il, désemparé.

Puis il se ressaisit, fronça les sourcils.

« Celui qui a commis cet acte de vandalisme veut coûte que coûte trouver quelque chose avant que tu ne te mettes en travers de ses desseins, Alice.

— L'important serait de savoir s'il y est parvenu », dit Mme Holman qui reprenait son calme.

Alice ne répondit pas. Elle avait remarqué un rouleau de parchemin sur le tapis, près du bureau de M. Rorick. Vite, elle le ramassa, le déroula. C'était une très vieille carte de la région, datant du XVIIe siècle. Le visage de la jeune fille s'éclaira.

« Voilà ce que je me proposais de chercher ! » dit-elle, ravie.

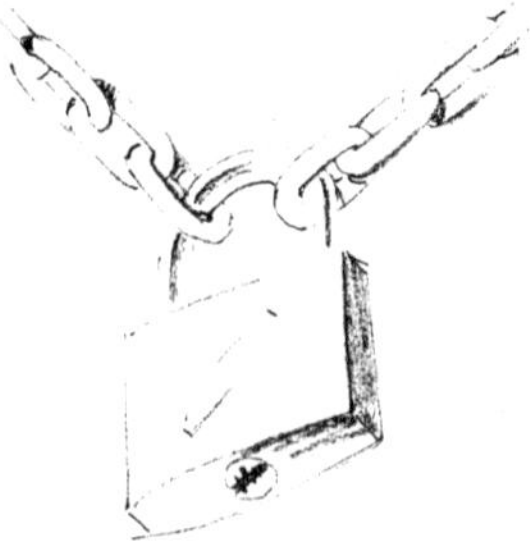

Chapitre 10

Une porte bien camouflée

Une portière de voiture claqua dehors ; Alice, Ned et Mme Holmann allèrent à la fenêtre voir qui arrivait.

« C'est Bess et Marion, dit la gouvernante. Attendons qu'elles entrent et vous nous ferez part de votre découverte, Alice.

— Vous avez raison, madame », approuva-t-elle.

Mme Holmann se porta au-devant des deux cousines.

« Alice est-elle ici ? Va-t-elle tout à fait bien ? » demanda aussitôt Marion.

Mme Holmann la rassura et lui dit qu'Alice s'était beaucoup divertie d'être enlevée par des Indiens. Puis, elle conduisit les deux cousines dans la bibliothèque.

« Seigneur ! s'exclama Bess à la vue de la pièce où un cyclone semblait avoir passé. Encore une visite du fantôme ! Il exagère, celui-là ! »

Alice les mit rapidement au courant de ce qui était survenu depuis qu'elle les avait quittées — malgré elle — et elle leur transmit la requête de M. Rorick.

« Moi, je ne demande pas mieux que de rester », répondit Marion.

Bess y consentit aussi, mais cela ne paraissait pas l'enchanter.

« Et maintenant, Alice, pourquoi contemples-tu cette carte avec ravissement ? demanda Marion.

— C'est une précieuse mine de renseignements. Elle m'a appris qu'il y aurait eu un village indien à mille cinq cents mètres d'ici. Quelque chose me dit qu'il existe un lien entre ledit village et notre mystère.

— Cette idée est venue à notre détective grâce à une erreur de ma part », intervint Ned.

Et il raconta ses vains efforts et ceux de ses camarades pour déterrer le trésor au pied d'une vieille souche.

« C'était une excellente idée que tu avais eue là, dit gentiment Bess. Si je comprends bien, Alice, tu imagines maintenant que les fameuses pièces d'or sont enterrées aux alentours de cet ancien village indien ?

— Oui. Les voleurs les auront, selon moi, cachées le plus vite possible. Il se peut qu'ensuite ils aient offert quelques pièces aux Indiens qui leur avaient indiqué une bonne cachette. Ce ne sont que des suppositions, mais nous ne perdrons rien à les vérifier.

— Je vais vous soumettre une proposition. Que diriez-vous d'aller à l'emplacement de ce village, à huit heures, demain matin ? dit Ned.

— Proposition approuvée, grand chef, répondit Alice, que cette perspective enchantait.

— Puis-je emprunter ton cabriolet, Alice? Je serai de retour à sept heures avec Bob et Daniel», dit Ned.

Mme Holmann, Bess et Marion s'étaient déjà mises à la besogne et rangeaient les livres.

Après le départ de Ned, Alice se plongea dans une étude minutieuse de la carte. Elle était si absorbée que Bess et Marion durent lui répéter trois fois qu'il était temps de s'habiller pour le dîner auquel elles avaient été invitées.

«J'ai surpris une conversation entre des étudiants d'Oméga. Il paraît qu'il y aura une surprise ce soir, annonça Bess.

— De quel genre, le sais-tu? demanda Marion.

— Je n'en ai pas la moindre idée. C'est un secret dont les convives auront la primeur.»

Une fois montées, Bess et Marion échafaudèrent, tout en s'habillant, mille hypothèses sur la nature de la surprise qu'on leur réservait. Perdue dans ses pensées, Alice soupesait les chances qu'elle avait de retrouver le village indien et le trésor, et elle ne se joignit pas à la conversation des deux cousines, bien que la porte de communication entre les deux chambres fût ouverte.

Ce soir-là, Alice choisit un ensemble vert pâle très simple dont la jupe était légèrement évasée dans le bas, le corsage, sans manches, orné de dessins géométriques de couleurs vives. Bess avait une robe rose et Marion une robe en soie sauvage noire relevée par un collier de perles.

Les jeunes filles s'enveloppèrent de leurs

manteaux et descendirent car, déjà, Ned, Bob et Daniel arrivaient. Ils manifestèrent leur admiration par des cris, des exclamations, des grimaces.

« Tu es magnifique, Alice! s'écria Daniel. On dirait une princesse indienne. »

Alice rit et prit le bras de Ned.

« Ne trouvez-vous pas que le chef indien est un peu trop élégant ? » demanda-t-elle aux autres.

Dans la voiture, les taquineries continuèrent. A Oméga, le principal sujet de conversation fut l'enlèvement de la princesse indienne. Les rires ne s'arrêtèrent qu'au coup de gong annonçant que le dîner était servi.

Etudiants et invitées se rendirent dans la salle à manger et s'installèrent aux places qui portaient leurs noms. Alice et Ned se trouvèrent juste devant la table de Chock Wilson, le président de l'association des étudiants.

Chock Wilson s'assit et le repas commença. Environ une heure après, il se leva et, s'adressant à tous, demanda qu'on veuille bien l'écouter.

« Si vous y consentez, nous allons parler affaire, dit-il avec un sourire amusé. Une affaire d'un genre particulier. »

Il fit signe à sa secrétaire. Celle-ci, une jeune femme au visage grave, se leva à son tour et annonça que deux membres honoraires de l'université avaient offert des sommes importantes à l'association.

« Grâce à ce don, nous allons enfin pouvoir mettre en chantier une nouvelle maison », déclara le président.

Les applaudissements crépitèrent.

« Est-ce cela le grand secret ? murmura Alice à l'oreille de Ned.

— Ma foi, je n'en sais rien. Jusqu'à cet après-midi, j'ignorais même que Chock nous réservait une surprise. »

Quand le silence se fut rétabli, le président pria le secrétaire général de lire les noms des membres du comité qui avaient été choisis pour l'exercice suivant.

Un jeune homme trapu, assis à côté de lui, se leva aussitôt et sourit à l'assistance.

« Si vous le permettez, je vais modifier l'ordre habituel et ne vous révéler qu'à la fin le nom de notre futur président, élu, comme vous le savez, par vos délégués. »

Après avoir énuméré plusieurs étudiants qui rempliraient respectivement les fonctions de trésorier, secrétaire chargé de la correspondanee, secrétaire chargé des comptes rendus de séances, vice-président, il marqua une pause et promena un regard amusé sur toute la salle.

« Eh bien, qui est-ce ? demanda un impatient.

— Notrè futur président a été élu à l'unanimité moins une voix : la sienne. C'est donc, en fait, un vote unanime qui a désigné Ned Nickerson !

— Oh ! Ned ! C'est magnifique ! » s'écria Alice en l'embrassant.

Ned semblait pétrifié. Un moment, il demeura muet, incapable de prononcer une parole. Le dépouillement des votes ayant été fait seulement en présence du comité directeur, il ignorait le résultat et avait peine à y croire. Puis comme les cris de « Un discours ! Un discours!» devenaient assourdissants, il se mit debout, très ému, et s'adressa à tous ses camarades.

«Je vous remercie, mes amis. Ce sera une tâche difficile de succéder à Chock. Nul ne l'ignore. Je m'efforcerai cependant de ne pas décevoir votre attente et de mériter la confiance que vous m'accordez. Ne vous étonnez pas si je vous demande de m'aider dans l'accomplissement de ma tâche. Sans vous, je ne pourrai rien. Pardonnez-moi, mais les discours ne sont pas mon fort...»

Et, avec un sourire timide, il se rassit.

Les applaudissements s'élevèrent de nouveau. Ensuite, le président sortant reprit la parole.

«Ned, je te transmettrai mes pouvoirs lors de la cérémonie d'intronisation qui aura lieu la semaine prochaine. En attendant, vieux frère, reçois mes félicitations et mes vœux.»

Alice se demanda en quoi consistait la cérémonie à laquelle Chock avait fait allusion. Cela, elle ne le saurait jamais, car les étudiants aiment à tenir secrets certains de leurs rites traditionnels; elle devinait que Ned en garderait, toute la vie, un souvenir émerveillé. Elle ressentit une vive fierté en voyant les participants à ce dîner se précipiter vers Ned et lui serrer la main. Le jeune homme, rouge d'émotion, avait un regard lumineux.

A neuf heures, un petit orchestre fit son entrée. En un clin d'œil, tables et chaises disparurent et les couples se mirent à tournoyer gaiement.

La soirée s'acheva très tard. Ce qui n'empêcha pas Alice d'être réveillée de bonne heure, le lendemain matin, par un coup frappé à sa porte.

« Entrez ! » dit-elle, la voix ensommeillée.

Mme Holmann entra en s'excusant de déranger la jeune fille et lui tendit une enveloppe.

« J'ai pensé que c'était important parce que je l'ai ramassée sur le dallage du vestibule. On l'avait sans doute poussée sous la porte d'entrée. »

Alice jeta un coup d'œil aux lettres d'imprimerie grossièrement tracées qui composaient son nom. Sa première pensée fut qu'il s'agissait d'une plaisanterie. Elle tira vivement de l'enveloppe une feuille de papier et lut :

RENTREZ CHEZ VOUS,
SINON GARE AU FANTÔME !

Cette menace n'était certainement pas une plaisanterie.

Bess et Marion avaient, elles aussi, entendu Mme Holmann et elles arrivèrent en se frottant les yeux. Après avoir pris connaissance du message, Bess pâlit.

« Ecoute, Alice, tout s'est bien passé jusqu'ici. Ne joue pas trop avec le feu. Il serait plus sage de repartir aujourd'hui, après le pique-nique qui marque la fin des réjouissances. »

Alice secoua négativement la tête.

« Et décevoir M. Rorick ? Non, Bess. Celui qui a écrit la lettre a, selon moi, surpris notre conversation d'hier, lorsque nous avons parlé du désir exprimé par M. Rorick de nous voir prolonger notre séjour ici. Il aura espéré nous décider à partir. »

Marion approuva Alice. Par deux voix contre une, il fut décidé que les jeunes filles resteraient.

«J'aimerais mettre la main sur l'individu qui nous espionne, dit Alice. Il doit disposer d'un micro qui lui permet de capter les appels téléphoniques...

— Et d'un manteau d'invisibilité! A moins qu'il n'ait le pouvoir de traverser les murs!» ajouta Bess.

Cette remarque donna une nouvelle idée à la jeune détective.

«Il doit exister dans le manoir des cachettes que nous n'avons pas inspectées, dit-elle. Madame Holmann, auriez-vous l'obligeance de me faire faire une visite complète de la maison afin que je puisse les repérer?

— Avec plaisir, quand vous aurez pris votre petit déjeuner.»

Les trois amies s'habillèrent rapidement, sans oublier qu'il leur fallait être belles. De crainte de salir sa robe, Alice enfila par-dessus une blouse-tablier, puis descendit au rez-de-chaussée.

Comme Bess et Marion n'étaient pas encore prêtes, Alice et Mme Holmann décidèrent d'aller faire un tour au grenier. Elles ne découvrirent ni placard secret, ni porte dissimulée, ni panneau à glissière. Ensuite, elles inspectèrent sans succès le premier étage.

«Il ne nous reste plus que la cave, dit Alice. J'irai seule pendant que vous préparerez le petit déjeuner.»

La gouvernante accepta.

Alice descendit le vieil escalier de pierre. L'atmosphère était fraîche et humide, une odeur de moisi régnait partout. La cave comportait de nombreux celliers, des recoins, mais, à première vue, aucune cachette.

A l'extrémité d'un long passage, Alice ouvrit une dernière porte et pénétra dans un atelier qui lui parut étrange. Elle tira la chaîne d'un vieux plafonnier en cuivre vert-de-grisé. La pièce était remplie d'outils datant visiblement d'une autre époque. L'épaisse couche de poussière et les toiles d'araignées qui tapissaient l'ensemble lui apprirent que personne n'était venu dans cet endroit depuis des mois, sinon des années.

« Ce qui prouve que le fantôme ne s'y intéresse pas », se dit-elle.

Alice se mit à marteler les murs le long desquels s'alignaient des bancs. Pas le moindre son creux. Elle allait renoncer quand elle remarqua une partie de paroi devant laquelle il n'y avait rien. Intriguée, elle frappa les planches avec son index replié.

« Elles sonnent creux ! » constata-t-elle, très agitée.

Ses doigts habiles tâtèrent le panneau et trouvèrent un loquet admirablement dissimulé. Elle voulut le soulever mais il ne se déplaça pas d'un millimètre Dans l'espoir de lui donner un peu de jeu, elle prit un marteau et frappa le bois dur. Une seconde après, la porte de l'escalier claquait. Attentive à ce qu'elle croyait être une découverte capitale, la jeune détective ne prêta pas attention à cet incident et s'acharna sur le loquet. Elle l'entendit grincer et se jeta contre le battant.

Toute une partie du mur s'abattit sur elle. Tombant à la renverse Alice perdit connaissance.

Chapitre 11

Les chasseurs de trésor

Le petit déjeuner étant prêt, Mme Holmann appela Alice du haut de l'escalier de la cave. Pas de réponse. Elle appela plus fort. Toujours pas de réponse.

« Que peut-elle donc faire ? » se demanda la gouvernante.

Sur ces entrefaites, Marion et Bess entrèrent dans la cuisine. Mme Holmann les pria de prendre sa place, leurs voix étant plus fortes que la sienne.

« Alice ! Alice ! » crièrent-elles en chœur.

Ne recevant pas de réponse, elles descendirent à la recherche de leur amie. Elles ne la virent pas. Décontenancées, vaguement inquiètes, elles visitèrent celliers et caves. Enfin, elles arrivèrent devant la porte fermée de l'atelier.

« C'est là qu'elle doit être », dit Marion et elle tourna la poignée.

La porte ne s'ouvrit pas. Marion posa la bouche contre une fissure et appela. Alice ne donna pas signe de vie. Bess devint blanche de peur.

« Il lui est arrivé quelque chose, murmura-t-elle.

— Elle est de l'autre côté de cette maudite porte, dit Marion, les mâchoires contractées. Voilà la question qui se pose : s'y est-elle enfermée ou quelqu'un l'y a-t-il enfermée de force ? »

Les larmes se mirent à couler le long des joues de Bess.

« Le fantôme a mis sa menace à exécution ! Elle est prisonnière.

— Il faut que nous entrions dans cette pièce », reprit Marion.

Aucun loquet n'était visible sur la porte, les jeunes filles en conclurent qu'elle se fermait de l'intérieur. Elles essayèrent de l'ébranler à coups d'épaule, mais le lourd battant ne bougea pas.

Sur ces entrefaites, Mme Holmann les rejoignit. En apprenant ce que les deux cousines redoutaient, elle s'alarma aussitôt.

« Par où pourrions-nous pénétrer ? demanda Bess.

— Je l'ignore. Cette porte donne dans un vieil atelier que l'on peut fermer de l'intérieur par une grosse barre de bois. A ma connaissance, il n'existe pas d'autre issue.

— Je suis sûre que ce n'est pas Alice qui s'est enfermée, reprit Bess. Oh ! Elle est blessée, incapable de nous répondre, et nous restons là, sans rien faire.

— Allons, ne nous affolons pas, recommanda

la gouvernante qui s'efforçait de garder son calme. Quand cette porte se referme brusquement, il arrive que la barre de bois se remette en place d'elle-même. Si Alice martelait les murs à l'intérieur, il se peut que la vibration ait fait claquer le battant et tomber la barre. Mais Alice devrait pouvoir lever celle-ci sans peine, et je ne comprends pas qu'elle ne l'ait pas tenté.

— Et pourquoi ne nous répond-elle pas? gémit Bess.

— Madame Holmann, auriez-vous un grand marteau à me prêter? demanda Marion chez qui l'esprit pratique reprenait le dessus.

— Oui, dans la cuisine, je vais vous le chercher.»

Elle disparut et revint au bout d'une minute avec le marteau. Marion le balança adroitement et frappa les gonds. Ils étaient si profondement enfoncés dans le bois qu'elle ne put les faire sauter.

La voix tremblante, Bess demanda :

«Madame Holmann, n'y aurait-il pas une fenêtre à cet atelier?

— Non. Je vous le répète, il n'y a pas d'autre ouverture que celle-ci.

— Vous ne pourriez pas me trouver une scie que j'introduirais dans la fissure? dit Marion.

— Je vais voir.»

Cinq longues minutes s'égrenèrent. Enfin Mme Holmann redescendit tenant à la main une scie rouillée. Marion la prit et glissa la lame dans la fissure. Elle sentit la barre de bois, mais elle eut beau y mettre toute sa force, elle ne put la scier.

«Oh! Ne pouvons-nous pas tenter autre

chose? C'est horrible de penser qu'Alice attend notre secours! s'écria Bess en se tordant les bras de désespoir.

— A quoi sert de pleurer? répondit Marion d'un ton sévère. Utilise un peu ton intelligence, cela vaudra mieux.»

Ainsi réprimandée, Bess réfléchit en silence.

«Si nous avions une hache, nous pourrions briser cette porte, suggéra-t-elle.

— Voilà une excellente idée, approuva Marion. Madame Holmann, en auriez-vous une?

— Oui, je crois en avoir vue une au garage, je vais m'en assurer tout de suite et je vous la rapporte.»

Peu après, Marion prenait la hache à deux mains et l'abattait sur la porte. Un craquement se fit entendre.

Par deux fois, Marion frappa. Au troisième choc, la hache traversa le bois. Par l'ouverture, la jeune fille introduisit la main et souleva la barre.

Bess poussa le battant et laissa échapper un cri de douleur. Alice gisait, inconsciente, au milieu de l'atelier; une lourde porte lui recouvrait en partie le corps. Au-delà, un trou béant donnait accès au jardin.

Mme Holmann et les deux cousines se précipitèrent vers la blessée. Bess et Marion retirèrent le panneau de bois, Mme Holmann s'agenouilla et tâta le pouls d'Alice. A ce moment, elle remua.

«Dieu soit loué! Elle revient à elle, dit la gouvernante.

— Quel bonheur!» murmura Bess.

Elle s'accroupit et caressa les cheveux de son amie.

«Alice, Alice, que t'est-il arrivé?»

La blessée ne répondit pas. Elle resta plusieurs minutes les yeux fermés. Enfin, ses paupières s'ouvrirent et elle promena un regard étonné autour d'elle.

«Je vais chercher un peu d'eau fraîche», dit Mme Holmann.

Quelques compresses humides ranimèrent Alice qui, à phrases hésitantes, raconta ce qui s'était passé.

«Crois-tu que ce soit le fantôme qui ait fermé la porte? demanda Bess.

— Non. Il n'y avait personne dans la pièce.»

Mme Holmann intervint dans la conversation pour prier Alice de monter s'étendre dans sa chambre.

«Je vais appeler le médecin de l'université. Ce sera plus sage.

— Oh! Je ne souffre que de simples contusions», protesta la jeune fille.

La gouvernante insista et, usant d'autorité, elle passa un bras autour de la taille d'Alice et l'aida à monter. Sur son conseil, les deux cousines restèrent les dernières pour remettre en place la porte secrète. Elles remarquèrent alors que l'extérieur en était très inhabituel. Des morceaux de pierre très minces avaient été incrustés dans le bois. Quand la porte était en place, on aurait dit qu'elle faisait partie du mur de fondation. Les deux jeunes filles ne purent toutefois découvrir aucun système d'ouverture extérieure.

«Ce devait être par là que les habitants du

manoir s'échappaient en cas d'attaque par les Indiens», dit Marion, tandis que les deux cousines remontaient à la cuisine.

Elles trouvèrent Alice confortablement installée sur le divan du salon où elle avait supplié Mme Holmann de la laisser reposer. En apprenant que la porte de l'atelier était camouflée à l'extérieur, Alice ne parut pas autrement intéressée.

« C'est sans aucune incidence sur notre mystère, car le fantôme ne l'a pas utilisée. Cela fait des années qu'on ne l'a pas ouverte. »

Le docteur Smith arriva un quart d'heure plus tard, en compagnie de Ned qu'il avait pris au passage. Il savait que les trois amies seraient contentes de le voir.

Ned se précipita près d'Alice, les traits tirés par l'inquiétude.

« Tu ne souffres pas trop. Seigneur ! Quand je pense que tu aurais pu être tuée.

— Tsst ! Tsst ! Mlle Roy n'a pas l'air d'une morte, loin de là », intervint le docteur.

Il pria Alice de monter dans sa chambre où il pourrait l'examiner plus à son aise. Les autres attendirent, le visage tendu. Certes, leur amie ne semblait guère se ressentir de son accident, mais ne connaissaient-ils pas son courage ? Elle pouvait leur cacher sa souffrance afin de ne pas leur causer de peine.

Mme Holmann leur demanda s'ils voulaient manger quelque chose. Ils secouèrent la tête en guise de réponse. Bess eut un pauvre sourire et murmura :

« C'est bien la première fois de ma vie que j'ai l'appétit coupé. »

Quand le docteur Smith redescendit, Ned et les deux cousines bondirent sur leurs pieds et voulurent savoir comment allait la blessée.

« Je suis heureux de vous communiquer un excellent bulletin de santé, dit le médecin avec un air mi-sérieux, mi-amusé. Aucune fracture. Des contusions multiples, sans gravité. Cependant, je veux que Mlle Roy reste couchée au moins jusqu'à demain matin. Cela n'a pas eu l'air de lui plaire ; elle avait formé de grands projets pour aujourd'hui, à ce que j'ai cru comprendre.

— Les projets attendront, déclara Mme Holmann avec fermeté, je veillerai moi-même à ce qu'elle suive vos prescriptions.

— Puis-je aller la voir et lui porter son petit déjeuner ? demanda Bess.

— Je vous conseille de la laisser reposer seule une bonne heure. Après une perte de conscience, il faut le plus grand calme. En ce qui concerne son régime, laissez-la à la diète hydrique toute la journée. »

Quand le médecin fut parti, les jeunes gens et Mme Holmann allèrent à la salle à manger et se remirent de leurs émotions en absorbant un délicieux café au lait accompagné de tartines à la confiture et au miel. Bess et Marion résumèrent à Ned les circonstances de l'accident.

« Encore des recherches qui ne mènent à rien ! soupira Marion.

— Il est urgent de refermer cette porte secrète, dit Mme Holmann, sinon l'idée viendrait au fantôme de s'en servir. »

Ned offrit de se charger de la besogne. Mme Holmann accepta avec reconnaissance.

L'heure de repos totale prescrite par le docteur Smith étant passée, les deux cousines se rendirent au chevet d'Alice. Elle était réveillée et désirait manger quelque chose.

« Tu m'as l'air tout à fait remise », dit Marion, ravie de voir les joues de son amie reprendre leur couleur et ses yeux leur éclat.

Elle descendit préparer un jus d'orange qu'elle apporta à la blessée, en lui disant que le médecin avait interdit toute nourriture solide.

Alice pria Bess et Marion de ne pas modifier leur programme.

« Il est inutile de rester auprès de moi. Mme Holmann me soignera. D'ailleurs, j'ai surtout envie de dormir. »

Les deux cousines consentirent à la quitter et allèrent se changer, l'épisode de la cave n'ayant pas arrangé leurs robes.

Quand Mme Holmann vint la voir, Alice lui fit part de ses projets.

« De bonne heure, demain, nous irons jusqu'au village indien indiqué sur la carte. Si vous saviez comme j'ai peine à refréner mon impatience ! »

Elle ajouta qu'elle était désolée que Ned, Bob et Daniel ne puissent les accompagner à cause de leurs études.

Le lendemain, au réveil, Alice se sentait parfaitement d'aplomb. Aussitôt après le petit déjeuner, elle se mit en route avec ses deux amies. Elles avaient eu soin d'emporter des outils pour creuser le sol. A partir de la baie, elles suivirent la direction indiquée sur l'ancienne carte et parvinrent à une clairière qui, pensa Alice, devait marquer l'emplacement d'un village. Çà et là, on apercevait de gros mamelons couverts d'herbes.

« A quoi servaient-ils? demanda Bess, intriguée.

— Sans doute étaient-ce des fours d'argile où les Indiens cuisaient le pain, répondit Alice. Maintenant, les herbes folles en ont pris possession. »

Après avoir marché au hasard un moment, les jeunes filles ramassèrent quelques pointes de flèche. A part cela, rien ne confirmait qu'une colonie d'Indiens eût vécu à cet endroit.

« Nous sommes venues chercher un trésor et une robe de mariée, rappela Bess à ses amies. Ce n'est pas ici que nous les trouverons. »

Ni Marion ni Alice ne partageaient cette certitude.

« Si tu étais un Indien, où cacherais-tu un trésor ? » demanda Marion.

Alice réfléchit un moment avant de répondre :

« Dans un lieu sacré que les autres Indiens n'oseraient pas violer.

— Cela me paraît raisonnable, convint Bess. J'ai lu quelque part que chez les Indiens, les lieux sacrés étaient situés au centre du village.

— Tu as raison, dit Alice, je me rappelle aussi l'avoir appris. »

Elle regarda autour d'elle et se dirigea vers ce qu'elle pensait avoir été le centre du village.

« Commençons à creuser ici », dit-elle.

Comme elles prenaient leurs instruments, elles virent un jeune homme s'avancer : Fred Braul.

« Tiens! Tiens! Vous cherchez des vestiges

indiens ? fit-il, narquois. J'ai un message pour vous, mademoiselle Alice.

— Pour moi ? De qui ?

— De votre père. Il vous a téléphoné et j'ai pensé qu'il valait mieux vous prévenir tout de suite. Voilà, j'ai noté ce qu'il m'a dit. »

Et il présenta une feuille de bloc-notes à Alice.

Elle le parcourut et pâlit.

Viens vite. Sarah est au plus mal.

Chapitre 12

Un message inquiétant

«Quand mon père a-t-il téléphoné?» demanda Alice.

Fred réfléchit un moment avant de répondre :

«Cela fait environ une heure. Je balayais le vestibule, Mme Holmann était occupée au premier, elle n'a pas entendu la sonnerie. J'ai donc pris la communication. Votre père a insisté pour que je vous transmette son message le plus rapidement possible; j'ai demandé à Mme Holmann où vous étiez et, sur ses quelques indications, je me suis débrouillé, voilà toute l'histoire.»

Il avait débité cela très vite, un peu comme on récite une leçon apprise.

«Je vous remercie, dit Alice. Bess et Marion, vous savez combien j'aime Sarah. Il faut que nous quittions tout de suite Emerson.»

Fred regardait intensément Alice.

« Je suis navré de vous avoir rapporté de mauvaises nouvelles. J'espère que votre amie se remettra vite. »

Comme les jeunes filles ramassaient leurs outils, Fred ajouta :

« Je vous regretterai, je m'étais habitué à vous. Le manoir était plus animé. »

Sans répondre, les trois amies se dirigèrent vers l'anse. Fred allait devant. Bientôt, il disparut à leur vue.

« Je me demande ce qui a bien pu arriver à Sarah, dit Bess. Elle semblait en parfaite santé quand nous l'avons quittée.

— Il se peut qu'elle ait eu un accident », suggéra Marion.

Alice avait le visage tendu et elle ne dit mot jusqu'à ce qu'elles fussent aux abords du manoir.

« Je vais tout de suite téléphoner à River City. Si ma pauvre Sarah est gravement malade, je veux savoir ce que disent les médecins. »

Bess la regarda surprise.

« Si... ?

— Oui, toute l'affaire pourrait n'être qu'une attrape.

— Dans quel dessein ?

— Se débarrasser de nous. Le fantôme a fort bien pu téléphoner lui-même en mettant à profit notre absence.

— Ce qui signifierait qu'il nous guette sans arrêt, reprit Bess, une lueur inquiète dans les yeux.

— Tes découvertes le gênent et il commence à prendre peur, intervint Marion.

— C'est possible. Mais ce coup de téléphone peut également avoir un autre mobile.

— Lequel ?» voulut savoir Bess.

Alice expliqua à ses amies que si le fantôme était à la recherche des mêmes choses qu'elles — pièces d'or et cadeaux de mariage —, il pouvait avoir envie de savoir de quel côté les jeunes filles opéraient. Connaissant l'adresse et l'existence de M. Roy et de Sarah, il aurait inventé cette histoire pour envoyer Fred s'informer auprès de Mme Holmann.

« Et ledit fantôme, prévenu sans doute par le complice chargé de téléphoner, aurait suivi Fred ? demanda Marion.

— Oui, répondit Alice.

— Mais si nous sommes espionnées vingt-quatre heures sur vingt-quatre, pourquoi se serait-il donné cette peine ? objecta Bess.

— Ne sais-tu donc pas que toute filature a des failles ? répliqua Alice. Nous en avons plus d'une fois fait la fâcheuse expérience. Un moment d'inattention, et il aura perdu nos traces. »

Les jeunes filles arrivaient à la porte d'entrée. Mme Holmann répondit à leur coup de sonnette et leur exprima sa sympathie ; elle était désolée, dit-elle, de la triste nouvelle que Fred lui avait apprise.

« Me permettez-vous de téléphoner chez moi, madame ? demanda Alice.

— Bien entendu », répondit aussitôt la gouvernante.

Alice forma le numéro sur le cadran, River City étant relié par l'automatique avec Emerson. Elle attendit en tapant du pied avec impatience. Enfin, la voix de Sarah résonna, claire et joyeuse à ses oreilles.

« Sarah ! s'écria Alice. Tu vas bien ?

— Je ne me suis jamais mieux portée de ma vie, répondit Sarah en riant de bon cœur. Pourquoi cette question ? De quoi t'inquiétais-tu ? »

La jeune fille lui résuma l'histoire d'une voix que l'émotion et la colère rendaient rauque.

« Il n'y avait pas un seul mot de vrai dans tout cela, déclara Sarah, outrée. Qui a pu avoir la cruauté d'inventer ce conte à dormir debout ? »

Alice lui exposa la théorie qu'elle avait échafaudée sur ce point. Sarah poussa un soupir.

« Je t'en prie, ma chérie, ne commets pas d'imprudence. Tu ferais aussi bien de rentrer chez nous. Renonce à élucider ce mystère.

— C'est impossible, répondit Alice. Je ne vais quand même pas me laisser intimider par un fantôme. Ce serait le comble ! »

Sarah rit à l'autre bout du fil.

« Avec toi, il n'y a pas moyen d'être sérieuse ; tu réussis toujours à me désarmer. Pense tout de même à ta vieille Sarah qui t'aime et se tourmente à ton sujet.

— J'espère que si le fantôme se cache au manoir, il a surpris notre conversation, il saura ainsi que je suis fermement déterminée à n'en faire qu'à ma tête et que ses ordres et ses menaces me laissent indifférente. Ne t'inquiète pas, ma Sarah, je pense à toi, je t'aime, moi aussi, plus que je ne saurais te le dire et tu sais que ni Marion ni Bess ne me laisseraient me précipiter au-devant d'un danger trop grand. »

Sarah apprit à Alice que son père était en

déplacement et qu'il ne reviendrait pas ce jour-là ; il avait téléphoné pour demander ce que devenait sa fille et l'embrasser.

« Quand comptes-tu rentrer ? ajouta Sarah.

— Pas avant quelques jours. M. Rorick nous a priées de rester jusqu'à ce que nous ayons élucidé le mystère.

— Espérons que cela ne tardera pas. Je me sens très seule sans toi.

— Tu me manques, toi aussi, mais tu me connais : il faut que je mène jusqu'au bout ce que j'entreprends. »

Alice parla ensuite de Mme Holmann qui lui rappelait Sarah et qui les entourait, elle et ses amies, de gentillesse et de soins.

Quand Alice eut raccroché, Mme Holmann se plaignit de ce que Fred ne fût pas rentré.

« On ne peut pas compter sur lui. Il est parti à votre recherche, plantant là, au beau milieu du vestibule, son matériel de nettoyage. Et Dieu sait quand il reviendra. »

Les jeunes filles aidèrent Mme Holmann à terminer la besogne de Fred. A midi, le ménage achevé, elles se rendirent à la cuisine. Tout en préparant des sandwiches et de la salade en guise de déjeuner, elles parlèrent du message-attrape.

Maintenant que l'inquiétude de Mme Holmann était dissipée, la colère s'empara d'elle.

« Si c'est une plaisanterie, je la trouve de très mauvais goût et j'aimerais que vous en découvriez l'auteur au plus vite.

— Lorsque le mystère sera élucidé, dit Marion, l'inventeur de ce faux message sera du même coup démasqué. »

Lorsque le repas fut terminé, Alice déclara vouloir se rendre de nouveau à l'emplacement du village indien. Ses amies l'approuvèrent.

Une fois de plus, les jeunes filles prirent leurs outils et se mirent en route.

« Au retour, nous devrions essayer de prendre un raccourci, suggéra Marion. Cette bêche et cette pioche pèsent lourd.

— Bonne idée, approuva Alice. Vous ne savez pas ? J'ai le pressentiment que quelqu'un a fouillé le sol en notre absence.

— Tu crois ? fit Marion.

— Oui, j'en suis persuadée. N'était-ce pas, selon moi, le but du faux message ? »

Cette pensée éperonna les deux cousines qui pressèrent le pas. A quelque distance de la clairière, Alice leur recommanda d'avancer prudemment.

« Si nous surprenons un inconnu et que nous réussissons à nous en approcher, nous ferons peut-être ainsi la connaissance de notre fantôme.

— Oh ! Seigneur ! fit Bess. Je n'aime pas beaucoup cette perspective. Les malfaiteurs ne m'attirent guère... »

Marion lui décocha un regard méprisant.

« Quelle mauviette ! Parlez-moi d'une détective ! »

Bess ne répondit pas et resta en arrière. Sans prêter attention à son mouvement d'humeur, Marion et Alice progressèrent à la file indienne. Aux abords de la clairière, Alice leva la main, porta un doigt à ses lèvres, et se dissimula derrière un arbre. Par signes, elle ordonna à ses amies d'en faire autant.

« Regardez ! » murmura-t-elle.

Au centre du village indien, une demi-douzaine de trous avaient été creusés. Alice avait deviné juste.

Tout à coup, Bess et Marion s'aperçurent qu'elle pointait l'index non vers les tumulus fraîchement retournés, mais vers la silhouette d'un homme qui s'enfuyait. Il portait une bêche sur l'épaule et courait à toute vitesse vers les arbres qui se dressaient en face d'elles.

« Attrapons-le ! » cria Alice.

Abandonnant sur place leurs outils, les trois amies s'élancèrent à la poursuite de l'homme. Il avait une bonne avance et décrivait des zigzags, si bien qu'elles le perdaient souvent de vue. Elles ne purent distinguer ses traits, mais il était mince, de taille moyenne et avait des cheveux brun foncé. Serait-ce lui dont Alice avait suivi les empreintes de pied dans les bois ?

Au bout d'un moment, elles ne le virent plus du tout. Elles continuèrent dans la direction qu'il avait prise et arrivèrent à la plage de l'anse. Elles regardèrent autour d'elles, sans l'apercevoir. Tout à coup, Bess s'écria :

« Je vois un homme qui s'éloigne dans un canot. Serait-ce lui ? »

L'homme ramait vite et leur tournait le dos sans doute pour éviter d'être reconnu.

« Le bateau ne porte ni nom ni numéro, remarqua Alice. Et à en juger d'après sa manière d'agir, cet homme n'a pas la conscience tranquille. C'est peut-être lui qui a téléphoné le faux message au manoir ? »

La jeune fille poussa un soupir de fatigue et de dépit.

« Nous n'arrêtons pas de nous poser des questions, sans recevoir aucune réponse, reprit-elle au bout d'un moment. Si cet homme a trouvé le trésor — ce dont je doute —, il ne l'a pas emporté avec lui, à moins que celui-ci soit si petit qu'il ait pu le glisser dans une de ses poches.

— Allons voir s'il n'a pas laissé quelque coffre regorgeant de pièces d'or! » dit Marion en riant.

Les jeunes filles regagnèrent l'emplacement du village, reprirent leurs outils et sondèrent les trous faits par le mystérieux fuyard. Ils étaient vides.

« Inutile de perdre notre temps, creusons ailleurs », dit Alice.

Elles se mirent à l'ouvrage. Au bout de quelques minutes, Marion cria qu'elle avait trouvé une pointe de flèche.

« Il doit y en avoir des quantités ici », ajouta-t-elle.

Alice eut plus de chance. Dix minutes plus tard, elle déterrait une petite idole de terre cuite, représentant un dieu indien.

La jeune détective la montra à ses amies.

« Je ne sais pas si j'ai le droit de la garder. Nous ne nous sommes pas encore inquiétées de savoir à qui appartenait ce terrain, remarqua-t-elle.

— Si, j'y ai pensé, moi, répondit Marion, très fière. C'est la ville d'Emerson qui en est propriétaire.

— Alors, tout ce que nous mettrons au jour devra être apporté à la mairie, dit Alice. Cela simplifie beaucoup les choses. »

Elles reprirent leur tâche avec plus d'ardeur encore. Bess s'éloigna un peu de ses amies. Etonnée de ne plus l'entendre, Alice leva les yeux, la vit et elle se disposait à l'appeler quand Bess poussa un cri, plutôt dû à la peur qu'à la surprise.

Chapitre 13

La grotte

Alice et Marion se précipitèrent vers leur amie. Debout dans une fosse, elle tremblait comme une feuille. Elles s'apprêtaient à lui demander ce qu'elle avait quand, baissant les yeux, elles virent... *un crâne humain!*

«Oh s'exclama Alice. Tu as découvert une tombe!

— Très ancienne!» ajouta Marion.

Bess sortit de la fosse en s'aidant des mains et des genoux; elle frissonnait encore, incapable de chasser la vision de ce crâne aux orbites immenses. Alice et Marion semblaient fascinées.

«Est-ce le crâne d'un Indien ou d'une personne morte plus récemment?» se demandait Alice.

A haute voix, elle ajouta :

«Creusons encore. Peut-être trouverons-nous d'autres ossements.

— Si cela vous est égal, déclara Bess, je vais aller fouiller le sol un peu plus loin. C'est le trésor de la *Lucie Belle* qui m'intéresse, moi, pas les squelettes!»

Ses amies échangèrent un sourire amusé et lui dirent d'aller où elle voulait ; elles la comprenaient. Courageusement, à l'aide de leurs pioches et de leurs bêches, elles creusèrent toutes deux plus profondément. Bientôt, elles réussirent à dégager un squelette entier.

« C'était un Indien, dit Alice, remarquant le bracelet de perles qui lui entourait une cheville.

— Je me demande si cet Indien — ou cette Indienne — a été enterré avec d'autres bijoux dérobés ensuite par quelque violeur de tombeaux », fit Marion, songeuse.

Alice estima que cette hypothèse devait être bonne, la tombe étant peu profonde. Celui qui, le premier, avait déterré le cadavre l'avait recouvert de quelques pelletées de terre, sans se soucier de combler la fosse.

« Je crois que notre découverte intéressera beaucoup les conservateurs du musée d'Emerson. Il faut prévenir la police et demander qu'un professeur de l'université vienne examiner le squelette.

— C'est une excellente idée », approuva Marion.

Entre-temps, Bess avait repris courage et, la curiosité l'emportant sur la peur, elle apparut au bord du trou.

« Oui, ton idée est bonne, Alice. Veux-tu que je retourne au manoir et que je téléphone au commissariat ? »

Alice et Marion la regardèrent avec un peu d'ironie et lui conseillèrent de se dépêcher. Elles devinaient que Bess ne demandait qu'à s'éloigner de ces restes macabres.

« En attendant son retour, continuons à creuser », proposa Alice.

Elles mirent encore au jour un arc et une flèche en si mauvais état qu'elles n'osèrent pas les toucher de peur de les voir tomber en morceaux. Enfin, lasses de manier pelles et pioches, les deux amies s'assirent pour se reposer.

Peu après, le commissaire de police arriva en compagnie de Bess et de deux professeurs de l'université. Les trois hommes contemplèrent avec étonnement la découverte des jeunes filles.

Anthropologue nouvellement arrivé à l'université, grand spécialiste de l'histoire indienne, le professeur Verdur prit la parole.

« Je projetais d'entreprendre des fouilles à cet emplacement, dit-il avec un sourire. Vous m'avez battu d'une longueur, mesdemoiselles, permettez-moi de vous en féliciter. »

Il alla prendre dans sa camionnette un brancard d'un modèle spécial et, avec l'aide de son collègue, le glissa sous le squelette, qu'il recouvrit ensuite d'un voile avant de le charger à l'arrière de la voiture.

« Je suis contente que ce soit terminé, fit Bess. Et j'espère bien ne plus jamais rencontrer d'homme préhistorique.

— Préhistorique ? répéta Marion, amusée. Il a tout au plus deux cents ans. »

Bess feignit de ne pas entendre et, se tournant vers Alice, elle lui demanda :

« Quels sont tes ordres, à présent ?

— Nous sommes venues dans une intention précise : retrouver les cadeaux de mariage. Creusons encore un peu.

— Oh ! tu es terrible. Bourreau de travail, va ! Je meurs de faim. »

Ses amies déclarèrent que ce n'était pas encore l'heure de dîner.

« Bon ! Bon ! grommela Bess. Bêchons, piochons encore une demi-heure, j'y consens puisque vous êtes deux contre moi ; ensuite, nous nous en irons, promets-le, Alice.

— Entendu. Et au lieu de creuser, pourquoi ne chercherions-nous pas d'autres indices. »

Voilà qui convenait à Bess, et ce fut le sourire aux lèvres qu'elle se mit à la tâche. Les trois amies écartèrent les hautes herbes, déplacèrent les roches de petite dimension.

Tout à coup, Alice dit à voix basse :

« Ecoutez ! J'entends quelqu'un. »

Bess et Marion se redressèrent et regardèrent autour d'elles.

« C'est peut-être le fantôme qui nous espionne, dit Bess, inquiète.

— Feignons de nous éloigner et décrivons un demi-cercle. Il est possible que nous apercevions celui qui nous surveille », répondit Alice.

Les jeunes filles ramassèrent leurs outils et partirent en direction de l'anse. De temps à autre, elles s'arrêtaient et tendaient l'oreille. Un bruissement de brindilles derrière elles ne leur laissa aucun doute : on les suivait. Mais l'espion, quel qu'il fût, demeurait caché.

A dessein, Alice suivit un chemin en zigzag. Bientôt, elles contournèrent une colline basse et marquèrent une nouvelle pause pour écouter. Plus le moindre bruit de poursuite. Elles reprirent leur marche. Soudain, elles se trouvèrent devant l'entrée d'une grotte.

Elles jetèrent un coup d'œil à l'intérieur. Les parois de pierre étaient noircies par la fumée.

A hauteur de poitrine, un rocher taillé avec des outils rudimentaires formait une avancée.

« Pensez-vous qu'elle servait aux Indiens? demanda Bess.

— Voici la réponse », dit Marion en se penchant et en ramassant une petite pointe de flèche à l'entrée de la grotte.

« On les appelle pointes d'oiseau; elles servaient, croit-on, pour la chasse aux oiseaux », ajouta-t-elle.

Alice se promenait, examinant le grossier travail de pierre. Au-dessus de cette sorte de rayonnage, elle remarqua un rocher qui faisait saillie plus que les autres. Curieuse, elle tenta de le tirer. Il vint sans peine, révélant une petite excavation.

A l'intérieur, Alice vit quelques perles de couleur et un ruban qu'elle prit. Il était noir, large d'environ deux centimètres et très vieux. Des lettres d'or terni formaient le mot *Belle.*

Alice montra sa trouvaille à ses amies. Elles s'exclamèrent de joie.

« Un indice! Enfin, un indice! Cela provient du béret d'un des matelots de la *Lucie Belle,* dit Bess.

— Sûrement, approuva Alice.

— Mais comment est-il venu ici? » reprit Bess.

Alice avança deux hypothèses :

« Ou bien le marin l'a laissé ici, ou bien il est tombé entre les mains d'un Indien après le naufrage ou le massacre. Cette découverte vient à l'appui de l'histoire de Bill. Comme je voudrais savoir pourquoi ces Indiens si sociables se sont tournés contre les survivants de la *Lucie Belle*! »

Marion, qui se tenait à l'entrée de la grotte, imposa le silence.

« L'espion! Je l'ai aperçu. Il ressemble à s'y méprendre à l'homme du canot.

— Où est-il? » demanda vivement Alice.

Marion tendit le doigt vers un bosquet. La silhouette n'était plus visible.

« T'a-t-il repérée? reprit Alice.

— Je ne crois pas. »

Cela donna une idée à la jeune détective.

« Encerclons-le et prenons-le, voulez-vous? »

Bess opposa un ferme veto à cette proposition. Si persuasives que se montrèrent ses deux amies, elle demeura inébranlable. Force fut à Marion et à Alice de renoncer à ce projet qu'elles ne pouvaient mener à bien seules.

Alice glissa le ruban dans sa poche et les jeunes filles se remirent en route. Elles entendirent des pas fouler les aiguilles de pin devant elles. A un certain moment, elles entrevirent un homme mince, de taille moyenne, qui se hâtait. Comme elles pressaient l'allure, il se mit à courir. Qui était-ce? Pourquoi les avait-il suivies?

Enfin, elles débouchèrent sur un petit escarpement qui surplombait l'anse. Alice se pencha par-dessus pour voir si le mystérieux rameur était à l'horizon.

Tandis qu'elle se tenait sur le bord, la terre céda tout à coup. Alice se rejeta en arrière. Trop tard. Elle roula avec les pierres et la poussière. Marion voulut retenir son amie; à son tour, elle perdit l'équilibre et dégringola à vive allure la pente rocailleuse.

Chapitre 14

Un curieux personnage

Horrifiée, Bess se pencha et vit ses amies rouler, rouler, sans pouvoir se raccrocher au moindre arbuste. Elle-même eut peine à ne pas être emportée par l'éboulis. D'un bond souple, elle se retrouva en sécurité sur un rocher.

« Pourvu qu'Alice et Marion ne se brisent pas la colonne vertébrale ! » se dit-elle.

Par une chance inespérée, les deux jeunes filles freinèrent leur chute juste avant d'arriver à la petite plage. Elles s'assirent et se frottèrent les yeux pour en chasser la poussière.

« Etes-vous blessées ? » cria Bess.

Marion leva la tête :

« Non, mais je suis furieuse. Pourquoi diable a-t-il fallu que ce pan de terre cède ? Maintenant, notre homme doit être loin ! »

Alice sourit entre ses boucles en désordre.

« J'enrage, moi aussi. »

Les deux amies se relevèrent et époussetèrent

du revers de la main leurs vêtements souillés. Elles avaient de nombreuses égratignures au visage, aux bras et aux jambes, mais rien de cassé. Avec soin, elles inspectèrent l'escarpement, choisirent un endroit qui leur parut solide et entreprirent l'escalade.

Soudain, à voix basse, Bess attira leur attention.

« Regardez là-bas, sur l'eau! Fred dans un bateau à rames! »

Alice et Marion se retournèrent, malheureusement un buisson leur cachait l'embarcation. Fred les avait-il vues tomber? En tout cas, il n'avait pas tenté de se porter à leur secours.

Comme Alice et Marion mettaient le pied sur le sommet de la petite falaise, Bess leur dit :

« Le canot qu'il manœuvrait ressemblait à celui dans lequel nous avons vu s'enfuir un homme mystérieux.

— Bah! C'est un type d'embarcation courant, et je crois Fred trop stupide pour être mêlé à un mystère, répliqua Marion.

— Je n'en suis pas aussi sûre que toi, déclara Alice. N'as-tu pas été frappée par une série de petits faits étranges : il ne cesse pas d'être dans nos jambes; partout où nous allons nous le retrouvons, comme par hasard. Je reconnais qu'il n'a pas l'air très malin, cela n'exclut pas qu'il ait été chargé par un autre de nous surveiller. Il est même possible que ce soit lui qui ait inventé de toutes pièces ce coup de téléphone de Sarah. »

Marion bouillait de colère.

« Partons à sa recherche sans plus attendre. »

Bess regarda sa cousine et demanda, non sans ironie :

« A supposer que tu le rattrapes à la nage, comment t'y prendras-tu pour le confondre ? Si Fred est coupable, t'imagines-tu qu'il va tomber à nos pieds et confesser sa faute ? »

Alice et Marion ne purent s'empêcher de rire. Que répondre à cela ? Le trio marcha en silence quelques minutes. Enfin, Alice dit :

« Je crois avoir trouvé une solution à ce problème. Nous allons demander à Mme Holmann l'adresse de Fred et interroger ses voisins à son sujet. »

Quand elles arrivèrent au manoir, la gouvernante contempla Alice et Marion avec une surprise non déguisée.

« On voit que vous avez remué de la terre. Avez-vous fait d'autre découverte que le squelette ? »

Alice lui montra le ruban où se lisait *Belle* et lui raconta où elle l'avait trouvé.

« Avec quelques perles et quelques pointes de flèches, c'est tout notre butin ! fit Marion. Pas le moindre présent de mariage, ni la plus petite pièce d'or ! »

Les jeunes filles prirent un bain, se changèrent et redescendirent. Mme Holmann leur donna l'adresse de Fred, non sans s'être, au préalable, informée de la raison pour laquelle Alice désirait la connaître.

Alice la mit au courant de son projet et la pria de garder le secret.

« Je n'en soufflerai mot à personne », promit la gouvernante.

Il était déjà tard quand les trois amies s'éloignèrent dans le cabriolet d'Alice dont elles avaient ouvert le toit. Fred demeurait dans un groupe de petites maisons d'apparence modeste. La pension de famille où il avait élu domicile était respectable, mais assez délabrée.

Une femme à l'aspect avenant répondit au coup de sonnette d'Alice et lui apprit que Fred n'était pas rentré.

« Trois jolies filles viennent le voir et il n'est pas là, plaisanta-t-elle. Je n'imaginais pas qu'il fréquentait des gens aussi distingués. Il me semble parfois assez simplet, le pauvre ! »

Bess et Marion allaient lui préciser que Fred n'était pas un de leurs amis quand un clin d'œil d'Alice les fit se raviser.

« Fred n'est simplet que parfois ? dit-elle en riant à la logeuse.

— Oui, répondit celle-ci. Lorsqu'il en a envie, il se montre aussi malin qu'un autre.

— Je suis contente de le savoir parce que, autrement, il aurait de la peine à gagner sa vie.

— C'est bien vrai ! approuva la logeuse. Il faut un minimum d'intelligence pour se procurer du travail convenablement payé.

— A ce propos, pensez-vous qu'il saurait laver ma voiture et en régler les freins ? C'est ce que je venais lui demander. »

La logeuse l'assura qu'il en serait tout à fait capable et, de plus, ravi parce qu'elle était bien jolie, la demoiselle. Alice préféra ignorer le compliment.

« Fred a-t-il de la famille ? demanda-t-elle.

— Je ne connais que son papa, qui habite ici, avec lui.

— Il travaille, lui aussi ? »

La femme se croisa les bras et se pencha ; son visage toucha presque celui d'Alice. Baissant la voix de manière à n'être entendue que des jeunes filles, elle répondit :

« C'est un drôle d'homme. Il ne parle pas beaucoup et, autant que je le sache, il ne travaille pas non plus. Depuis près d'un mois, il part chaque matin à l'aube et ne revient que tard dans la nuit.

— Quelles sont vos raisons de penser qu'il ne travaille pas ? » insista Alice.

La femme haussa les épaules.

« Je ne saurais pas l'expliquer. Après avoir eu tant de pensionnaires, je devine lesquels ont un emploi régulier et lesquels n'en ont pas. Pourtant, je n'arrive pas à imaginer ce que cet homme fait toute la journée. »

Un silence suivit que Marion rompit :

« Il reste peut-être assis sur un banc du jardin public à nourrir les pigeons », plaisanta-t-elle.

La femme éclata de rire.

« Pas lui. Ce n'est pas son genre. Il a dans les yeux une lueur qui me dit qu'il a une occupation précise et plutôt louche. J'ai essayé de lui tirer les vers du nez mais, chaque fois, il me rembarre presque grossièrement.

— Ressemble-t-il à Fred ? demanda Bess.

— Non, il est plus petit que lui et moins musclé. Fred fait de la boxe, je crois. On lui a peut-être cogné trop fort sur la tête, c'est ce qui lui a brouillé les idées. »

La logeuse aurait continué à bavarder sans fin, si Alice ne l'avait remerciée de ses renseignements et n'avait pris congé d'elle.

Bess et Marion remarquèrent que leur amie

ne donnait ni son nom ni son adresse. Dès qu'elles eurent traversé la rue et se furent installées dans la voiture, Bess en demanda la raison.

« Avais-tu vraiment l'intention de confier ta voiture à Fred ?

— Reconnais qu'un bon lavage ne lui ferait pas de mal. Cela dit, si je n'ai pas laissé mon nom ni mon adresse, c'est parce que je suis persuadée que Fred devinera qui est venu. Je suis également persuadée que sa stupidité, son étourderie, sa maladresse sont autant de feintes. Il est bien assez intelligent pour agir contre nous dans ce mystère.

— Et que penses-tu de son père ? demanda Marion. Il me paraît singulier. Crois-tu qu'il soit le cerveau de l'affaire ? »

Comme Alice s'apprêtait à répondre, elles virent un homme mince, pas très grand, se diriger vers la pension de famille.

« C'est l'inconnu qui s'éloignait dans le canot à rames, cet après-midi ! » s'écria Bess.

L'homme jeta un bref coup d'œil aux jeunes filles, puis faisant un brusque demi-tour, il partit très vite dans l'autre sens. Il courait presque.

« Suivons-le », dit Alice.

Elle dut opérer un demi-tour sur la chaussée, ce qui lui fit perdre un temps précieux. Ses amies virent l'homme tourner à l'angle de la rue et, quand Alice atteignit le croisement, il avait disparu.

« Cette précipitation l'accuse, dit Bess.

— Possible, répliqua Marion, mais de quoi ? »

Si Alice avait une réponse à cette question, elle ne la communiqua pas à ses amies. Durant le reste du trajet, elle garda le silence, absorbée dans ses pensées. La journée avait été fertile en événements.

« Quelles conclusions en tirer ? » se demandait-elle.

Le mystère la déconcertait toujours autant. Elle avait le pressentiment que l'homme qui les avait évitées y était mêlé, d'une manière ou d'une autre.

« Et il correspond à la description que la logeuse nous a faite du père de Fred », se dit-elle.

Quand les trois amies arrivèrent au manoir, elles y trouvèrent Ned, Bob et Daniel installés au salon dans de confortables fauteuils. Ils se levèrent en faisant semblant de tituber de fatigue.

« Oh! quel travail intense, aujourd'hui. Nos pauvres crânes! Ils sont bourrés à craquer de formules chimiques, de notions philosophiques! » gémit Daniel en portant la main à son front.

Les deux autres prenaient des mines de circonstance.

« Vous pouvez cependant nous soutenir dans cette épreuve, dit Bob d'une voix faible.

— Comment ? demanda Marion, soupçonneuse.

— En prenant pitié de nous, répondit Ned. Venez dîner et danser avec nous aux environs. Vous serez surprises de la rapidité avec laquelle nous récupérerons nos forces et notre entrain. »

Tous éclatèrent de rire. Avec un ensemble parfait, les jeunes filles acceptèrent l'invitation.

« Chock Wilson et une de ses amies seront des

nôtres. Dans cette perspective, nous avons loué une grande voiture.»

Alice monta ranger les clefs de sa voiture sur la table-secrétaire de sa chambre et prévint Mme Holmann qu'elles sortaient, toutes les trois. La gouvernante leur souhaita une bonne soirée.

La soirée fut, en effet, très joyeuse : nourriture savoureuse, conversation enjouée, orchestre excellent. Tout concourait à la joie des jeunes gens.

Alice et Ned décidèrent d'opérer quelques plongées à l'emplacement où la *Lucie Belle* avait sombré. Ils firent part de leur projet aux autres.

«Et qu'espérez-vous trouver? demanda Chock.

— Un trésor, bien sûr!» répondit Alice en riant.

Ned, Daniel, Bob et Chock ayant des cours le lendemain matin, les jeunes filles exigèrent que tout le monde rentre à une heure raisonnable.

«Sinon, vous serez incapables de vous réveiller, dit Marion. Et nous ne voulons pas que vous échouiez à vos examens à cause de nous.»

Ned prit le volant et après avoir laissé Chock et son amie devant la maison de celle-ci, ils prirent le chemin du manoir. Les phares balayèrent bientôt la cour d'entrée.

Alice poussa un cri :

«Ma voiture! Elle n'est plus là!»

Chapitre 15

Enfin un indice!

Au cri d'Alice, les jeunes gens sautèrent de la voiture louée par Ned et se mirent à chercher le cabriolet.

« Avais-tu laissé la clef de contact sur le tableau de bord? demanda Ned.

— Non. Je me rappelle parfaitement être montée dans ma chambre et avoir déposé le trousseau sur la table, répondit Alice,

— Va voir s'il y est encore. »

Alice courut au premier et trouva les clefs. Elle revint en les agitant :

« Les voilà. Le ou les voleurs ne les ont pas prises.

— C'est encore un tour du fantôme, déclara Bess d'un ton sépulcral.

— Il est drôlement malin, s'il est capable de mettre une voiture en marche sans clef, observa Bob.

— Alice, que vas-tu faire? » gémit Bess.

La jeune fille repondit qu'elle allait téléphoner à la police. Très agitée par ce nouvel incident, Mme Holmann déclara qu'elle se sentait responsable.

«J'aurais dû me tenir sur mes gardes et prêter l'oreille au moindre bruit. Hélas! il y avait un bon programme à la télévision et je n'ai plus prêté attention à autre chose.

— Ce n'est pas du tout votre faute, protesta gentiment Alice. Vous n'y pouviez rien.»

Alice téléphona au commissariat et donna la description de sa voiture, ainsi que le numéro du moteur et de la plaque minéralogique.

«Je vais faire le nécessaire», dit l'inspecteur de garde.

Quelques minutes plus tard, Alice remerciait Ned de la bonne soirée qu'elle venait de passer, grâce à lui et à ses amis.

«Je suis navré qu'elle se soit terminée sur cette note triste, dit-il. Cependant, ne te tourmente pas trop! La police d'Emerson n'aura aucune peine à retrouver ta voiture, même si c'est un fantôme qui se l'est appropriée.»

Le lendemain, un coup léger frappé à la porte réveilla Alice.

«Entrez!» cria-t-elle.

Mme Holmann s'encadra dans l'ouverture, le visage fendu par un large sourire.

«Croyez-le ou ne le croyez pas, Alice! Votre voiture est revenue.

— Comment? Que dites-vous? La police l'a déjà retrouvée?»

Mme Holmann déclara ignorer qui l'avait ramenée. En se levant, elle avait mis la tête à la fenêtre de sa chambre et vu le cabriolet!

«Venez le constater vous-même!» ajouta-t-elle.

Alice se précipita dans la chambre de Mme Holmann et aperçut son joli cabriolet bleu, le compagnon de tant d'aventures. Sous l'effet de la joie, elle embrassa la gouvernante.

« N'est-ce pas merveilleux ! s'exclama-t-elle.

— Oui, c'est presque un miracle, approuva Mme Holmann.

— Il faut que je téléphone tout de suite au commissariat », dit Alice.

Elle descendit dans le vestibule et composa le numéro sur le cadran. Le commissaire répondit lui-même. Comme la jeune fille s'embarrassait dans les remerciements, il l'interrompit :

« Mademoiselle, je suis enchanté d'apprendre que votre voiture est au manoir, mais ce ne sont pas mes hommes qui l'y ont conduite.

— Comment ? s'étonna Alice.

— La patrouille de nuit est rentrée bredouille. Et, jusqu'ici, la patrouille de jour n'a rien signalé. »

Alice promit d'avertir le commissaire si, par chance, elle découvrait ce qui s'était passé. Elle raccrocha, monta se laver et s'habiller, puis se précipita dehors.

Son premier soin fut d'examiner le tableau de bord. La clef de contact n'y était pas. La jeune fille ne put en croire ses yeux.

« Si je n'avais pas eu des témoins, se dit-elle, je croirais avoir rêvé toute cette histoire. »

Puis elle remarqua que la voiture avait été lavée et lustrée ! Aussitôt, elle pensa à Fred. La gérante de la pension de famille lui aurait-elle rapporté leur entretien ? Saurait-il faire démarrer une voiture sans la clef ?

« Non, c'est impossible ! Si Fred avait été au

courant de mes intentions, pourquoi ne serait-il pas tout bonnement venu ici, aujourd'hui, laver ma voiture ? »

Alice regagna le manoir. Bess et Marion l'attendaient dans la salle à manger. Elles furent stupéfaites en apprenant ce qui était arrivé. Bess secoua la tête, perplexe.

« Ce mystère est bien le plus invraisemblable que tu nous aies invitées à élucider avec toi ! dit-elle.

— Je ne te contredirai pas sur ce point ! » répondit son amie en riant.

Après le petit déjeuner, Fred vint tondre la pelouse qui s'étendait devant la façade. Alice l'aborda et lui demanda tout à trac :

« Fred, est-ce vous qui avez pris ma voiture, hier soir, et l'avez lavée ? »

Loin d'être décontenancé, le jeune homme sourit :

« Oui, mademoiselle Alice. Je me doutais bien que vous seriez surprise !

— Surprise ! s'exclama Alice. C'est le moins qu'on puisse dire ! Mécontente et inquiète seraient plus justes. Quelle fantaisie vous a traversé la tête ? »

Fred parut vexé.

« Vouliez-vous que je lave votre voiture, oui ou non ? »

Alice le regarda fixement.

« Comment l'avez-vous mise en marche ? Je n'avais pas laissé la clef sur le tableau de bord. »

Le visage vide, Fred répondit :

« Si, vous l'aviez laissée. Comment aurais-je pu mettre le moteur en marche autrement ? »

Buté, il ne détournait pas les yeux. Alice avait

l'intuition qu'il mentait. Mais à quoi bon discuter ?

Enfin, le jeune homme promena un regard inquiet autour de lui et chuchota presque :

« Vous dites que vous n'avez pas laissé la clef sur le tableau de bord et, moi, je vous affirme que j'en ai trouvé une. En outre, je ne l'ai pas retirée. C'est un peu troublant, vous ne croyez pas ? »

Alice l'observa longuement.

« Elle n'y est plus, en tout cas, répondit-elle. Combien vous dois-je pour le lavage de ma voiture ?

— Il ne saurait être question d'argent entre nous, répliqua-t-il avec hauteur. Cela m'a fait plaisir de vous rendre service et je suis désolé de vous avoir inquiétée.

— Oublions cet incident, dit Alice, radoucie. Merci beaucoup. »

Quand elle raconta cet épisode à ses amies, Marion la mit en garde.

« Ne te laisse pas berner par Fred, Alice. Il a voulu voler ta voiture, mais il a dû apprendre que tu avais alerté la police et il a lavé la carrosserie avant de la ramener, afin d'avoir un alibi. »

Bess partageait la conviction de sa cousine. Alice ne se compromit pas. Elle changea de sujet et dit :

« Allons continuer nos recherches dans la bibliothèque et nous assurer que le fantôme n'y a pas encore fait des siennes. La dernière fois que j'y suis entrée, j'ai mis la main sur deux livres dont le titre commençait par les mêmes lettres que Rorick. Je serais curieuse de vérifier s'ils sont toujours en place. »

Bess se mit à glousser de rire.

« Pauvre oncle John ! Il ne s'y retrouvera plus dans ses livres. Ils ont tous été remis sur les rayons au petit bonheur la chance. »

Quand elles pénétrèrent dans la bibliothèque, rien n'indiquait que quelqu'un s'y était introduit depuis la dernière visite des jeunes filles ; cependant les deux livres avaient été remis à leur première place.

« Si notre fantôme est revenu ici, il s'est montré très ordonné, dit Bess. Une fois n'est pas coutume... »

Mme Holmann avait suivi les trois amies. Elle entendit cette remarque et une expression apeurée crispa son visage.

Alice se tourna vers elle.

« Etes-vous entrée ici, madame, depuis l'autre jour ?

— Non. Je n'oserais pas m'aventurer seule dans cette pièce, même si l'on m'offrait des millions.

— Pourtant, une personne ayant de l'herbe sous ses semelles y est venue. »

Interloquées, Mme Holmann, Bess et Marion regardèrent Alice.

« Comment le savez-vous ? » demanda enfin Mme Holmann.

Alice tendit la main vers le coffre-fort. Quelques débris d'herbe verte tranchaient sur le ton du tapis. Aucune autre trace de pieds. Alice courut chercher la loupe spéciale qu'elle prenait toujours la précaution d'emporter en voyage et elle examina le tapis devant le coffre-fort. Elle ne décela aucune empreinte, si ce n'est celles laissées dans la pièce par Mme Holmann, les deux cousines et elle-même.

Alice continuait à fixer les fragments d'herbe.

« Fred a tondu la pelouse de derrière, hier matin, dit-elle, le fantôme se serait donc introduit ici au cours de la nuit.

— Il a pénétré dans la maison à travers les murs ou les portes fermées », répliqua Mme Holmann, la mine sombre.

Une fois de plus, Alice voulut découvrir une ouverture secrète permettant d'accéder à la bibliothèque. Peut-être y en avait-il une derrière les rayonnages. Elle pria ses amies et la gouvernante de l'aider. Ensemble, elles cherchèrent des gonds ou des loquets dissimulés. Peine perdue !

Mme Holmann s'excusa : il était temps, pour elle, de préparer le déjeuner, car elle attendait M. Rorick vers une heure. Bess proposa de l'aider pendant qu'Alice et Marion poursuivraient leur inspection.

« Comment imagines-tu que l'on puisse marcher sans laisser des traces de pas ? » demanda Marion à son amie.

Alice se sentait un peu abattue ; elle haussa les épaules.

« Bah ! en enlevant ses chaussures et en ne gardant que ses chaussettes. Allons examiner le sol dehors, nous trouverons bien quelque indice. »

Elle referma avec soin la porte de la bibliothèque et gagna le jardin avec Marion.

« Observons d'abord l'herbe de la pelouse qui donne derrière », proposa Alice.

Elles virent des petits tas d'herbe coupée par

Fred, qu'il avait ratissée mais pas emportée. Un de ces tas était à moitié éparpillé.

« Tiens, voilà qui est intéressant, dit Alice. C'est ici que le fantôme a traversé la pelouse et, au passage, quelques brins d'herbe se sont accrochés au bas de son pantalon. Ils seront tombés sur le tapis quand il s'est agenouillé devant le coffre-fort. »

On décelait de légères empreintes sur le tas — pas assez nettes cependant pour permettre une identification. En dehors de cela, les jeunes filles ne remarquèrent rien d'anormal à cet endroit et elles entreprirent d'examiner le sol, le long des murs extérieurs. Elles ne relevèrent pas la moindre empreinte.

C'est la mine basse que nos enquêteuses rentrèrent au manoir.

A une heure exactement, M. Rorick arrêta sa voiture devant le perron. Il semblait très satisfait de son équipée.

« Et alors, comment va ce mystère ? demanda-t-il d'un ton jovial. L'avez-vous élucidé, Alice ? »

Hélas ! Alice dut reconnaître sa défaite. Le fantôme et ses agissements la déconcertaient. M. Rorick la félicita de ce qu'elle avait déjà appris et insista pour qu'elle poursuivît ses recherches.

« Même si cela exige que vous consacriez tout votre été, je vous supplie de ne pas renoncer. Ce n'est vraiment pas agréable de cohabiter avec un être immatériel, ou qui réussit à en donner l'impression, ce qui revient à peu près au même.

— Tout l'été ? » s'exclama Alice, effrayée.

Elle voyait ses beaux projets s'effondrer d'un

seul coup. Non, elle ne pouvait pas s'attarder plus longtemps à Emerson. Serrant les mâchoires, elle prit la résolution de démasquer le coupable, fantôme ou non, et de découvrir par où il s'introduisait dans la bibliothèque. Cette affaire n'avait que trop traîné.

Le déjeuner terminé, elle parla à M. Rorick des débris d'herbe ramassés sur le tapis.

« Pourriez-vous ouvrir le coffre-fort, monsieur, et vous assurer que rien ne manque ?

— Si vous le désirez. Mais il faudrait un spécialiste pour retrouver la combinaison. »

Le petit groupe accompagna M. Rorick dans la bibliothèque. Il s'agenouilla devant le coffre-fort et composa le numéro secret. Cela fait, il tourna la poignée, et la porte s'ouvrit.

L'oncle John regarda à l'intérieur. La surprise se peignit sur ses traits et il tira violemment quelques enveloppes. Quand elles furent alignées sur le plancher, il leva vers Mme Holmann et les trois jeunes filles un visage qui était devenu blême.

« Elles sont vides ! Vides... »

Chapitre 16

La collection de pièces

« Tout votre argent a disparu ! » s'exclama Bess.

Alice et Marion exprimèrent leur sympathie à M. Rorick qui semblait frappé de stupeur. Marion proposa de téléphoner au commissariat de police.

Le vieux monsieur secoua la tête.

« Les inspecteurs n'ont pas voulu nous croire, à propos du fantôme, pourquoi me croiraient-ils maintenant ? »

La gouvernante lui demanda s'il n'aurait pas emporté en voyage une somme plus importante qu'il ne l'avait cru.

M. Rorick secoua de nouveau la tête.

« Non. »

Puis, se rappelant soudain quelque chose, il se releva, le regard fixé sur un point dans l'espace, les mains pressées sur son front. D'un pas nerveux, il se mit à arpenter la pièce, hochant la tête, en proie, aurait-on dit, à une vive souffrance.

« Qu'avez-vous ? demanda Alice. Vous sentez-vous mal ? »

M. Rorick se tourna vers elle.

« Ma collection de pièces a disparu aussi ! »

A cette annonce, Mme Holmann se laissa tomber sur une chaise, accablée.

« Votre collection de pièces ? Oh ! non, non, ce n'est pas possible ! »

Le silence régna quelques secondes. Bess le rompit enfin :

« Etait-elle très précieuse ?

— Précieuse ? rugit presque M. Rorick. Elle était sans prix ! »

Cette déclaration rendit les jeunes filles muettes.

« Où gardiez-vous ces pièces ? interrogea enfin Alice.

— Dans des albums et des boîtes conçues à cet effet. Je possédais toutes les pièces de monnaie émises en Amérique, depuis les premiers temps de la colonisation, et quelques spécimens très rares de monnaies européennes. Plusieurs avaient été fondues avant notre ère. Une notamment, ornée d'une tête de femme, remontait à l'an 350 avant Jésus-Christ. Elle provenait de Carthage. Une autre encore, datant de 410 avant Jésus-Christ, trouvée à Agrigente, représentait des aigles attaquant un lièvre. Mais à quoi bon vous énumérer ce que j'ai perdu ! »

Le malheureux se remit à arpenter la pièce. Alice voulut savoir s'il possédait la liste des pièces volées. M. Rorick fit signe que non.

« Hélas ! Je n'ai jamais pris la peine d'en établir une.

— Essayons d'y remédier. Je vais noter toutes celles dont vous vous souvenez, proposa Alice, puis nous communiquerons cette liste au commissaire de police. Car vous consentez, n'est-ce pas, à ce que nous l'avertissions ?

— Oui. Il le faut. Je veux que cette collection me soit rendue. Elle vaut une fortune, et il m'a fallu des années de patientes recherches pour la rassembler. »

Tandis que Marion téléphonait au commissaire de police, son amie prenait un bloc-notes et un crayon sur le bureau. Le voleur avait-il cru trouver une partie du trésor perdu ? se demandait-elle.

Elle commença d'écrire sous la dictée de M. Rorick.

« Une de mes pièces de dix dollars en or avait été frappée en 1798, dit-il. Elle était en excellent état et sa valeur atteint plus de deux mille dollars.

— Deux mille dollars ! répéta Bess.

— Oui, répondit l'oncle John. Une autre, frappée en 1827, et qui n'avait jamais été mise en circulation, vaut plus de trois mille dollars.

— Seigneur ! » s'exclama Bess, abasourdie.

Au bout de quelques minutes, M. Rorick s'arrêta, un moment, de dicter. Bess en profita pour lui poser la question qui lui brûlait les lèvres.

« Quelle était la pièce la plus précieuse de votre collection ?

— Une pièce de cent ducats en or, originaire de Pologne, datée de 1621. Elle est à l'effigie de Sigismond III. Il est représenté en armure et décoré de l'ordre de la Toison d'Or. Un écu couronné se voit au revers. C'est une pièce unique.

— Combien vaut-elle? demanda Alice.

— Huit mille dollars!»

Les jeunes filles et Mme Holmann poussèrent une exclamation étouffée. Un pareil chiffre leur semblait à peine croyable. D'un même élan, elles s'approchèrent de M. Rorick, s'efforçant par leur attitude de lui faire comprendre toute leur sympathie.

«C'est affreux! affreux!» murmura la gouvernante qui luttait avec peine contre la montée des larmes.

Un coup de sonnette mit fin à cette scène pénible. Mme Holmann alla ouvrir et reparut bientôt en compagnie du commissaire de police et d'un inspecteur qu'il présenta sous le nom de Bollack.

Le commissaire reconnut, enfin! que le fantôme dont M. Rorick lui avait parlé n'était pas le produit de son imagination. Il prit la liste que lui tendit Alice. Quand il lut les sommes portées en regard de chaque pièce, ses yeux s'écarquillèrent.

L'inspecteur Bollack examina les ébarbures trouvées devant le coffre-fort. Alice lui dit d'où, selon elle, ces débris d'herbe provenaient. Hypothèse qu'il approuva. Ensuite il demanda à M. Rorick s'il n'aurait pas, par hasard, écrit la combinaison du coffre sur un morceau de papier, placé ensuite dans un endroit secret.

Le vieil homme répondit que seule sa gouvernante et lui-même la connaissaient et qu'ils avaient estimé plus sage de ne pas la confier à un papier quelconque.

Les deux policiers jetèrent un regard soupçonneux à la gouvernante. M. Rorick prit aussitôt sa défense.

« Mme Holmann fait partie de ma famille. Je lui confierais ma propre tête.

— Ne pensez-vous pas que le vol a été commis par un spécialiste des coffres-forts, criminel chevronné ? suggéra Alice.

— C'est une possibilité », convint l'inspecteur.

Le commissaire pria son adjoint de relever les empreintes. Celui-ci alla prendre son matériel dans la voiture de police et opéra à l'intérieur comme à l'extérieur du coffre-fort. Après avoir comparé les empreintes ainsi reproduites, il déclara qu'elles appartenaient toutes à la même personne.

« En ce cas, ce sont les miennes », dit M. Rorick, déçu.

L'inspecteur voulut s'en assurer sur-le-champ. M. Rorick ne s'était pas trompé.

« Qui que soit le voleur, dit l'inspecteur, il n'a pas laissé d'empreintes. »

Mme Holmann poussa un profond soupir :

« Notre fantôme ne laisse pas d'empreintes digitales, pas d'empreintes de pied, et passe à travers les murs. C'est à devenir fou. »

Que répondre à cela ? Les policiers n'essayèrent pas de le faire. Ils promirent de téléphoner à M. Rorick dès qu'ils sauraient quelque chose.

Alice s'installa dans le cabriolet à côté de Ned, qui prit le volant. Elle pria le jeune homme de passer d'abord chez les divers serruriers de la ville.

«J'aimerais savoir si Fred ou un autre a fait reproduire la clef de ma voiture.

— Je ne le pense pas, répondit Ned. Mais si cela te rassure, nous irons chez les deux seuls serruriers d'Emerson.»

Ned avait raison, aucune clef de voiture n'avait été commandée, ces derniers jours.

«Je ne m'étais donc pas trompée, conclut Alice, Fred m'a bel et bien menti.

— Tu es une vraie petite merveille! plaisanta Ned.

— Ne te moque pas de moi, méchant. Il a emmené la voiture pour me faire croire que la clef était sur le contact. Puis il a voulu me persuader que ladite clef avait été à deux endroits en même temps — c'est-à-dire que l'incident relevait de la sorcellerie. En d'autres termes, il a cherché à m'effrayer.

— Dans quelle intention? fit Ned. A moins qu'il n'ait partie liée avec le fantôme...

— Ce qui ne m'étonnerait pas outre mesure!» coupa Alice.

Ils discutèrent cette hypothèse un bon moment. Bientôt, ils s'engagèrent dans un chemin de terre qui les conduisit au bord du fleuve.

«Oublions Fred et concentrons-nous sur ce que nous allons faire, conseilla Ned. Je suis aussi curieux que toi de jeter un coup d'œil à la *Lucie Belle.*»

Tandis que les jeunes gens enfilaient leurs combinaisons de plongée, Bob et Daniel bavardaient avec Bess et Marion dans le salon du manoir.

« Où aimeriez-vous aller ? demanda Bob.

— Dans un endroit où vous ne dépenseriez pas un sou, répondit Marion en riant.

— Voilà qui serait formidable ! » approuvèrent les deux garçons avec un bel ensemble.

Redevenant sérieuse, Marion dit que Bess et elle souhaitaient aider Alice à élucider le mystère qui la préoccupait de plus en plus.

Après avoir envisagé plusieurs hypothèses, Daniel s'écria :

« Il se peut que le fantôme descende par la cheminée comme le père Noël. Y aviez-vous songé ? »

L'idée parut excellente à ses amies et ils se ruèrent tous à l'action. Par une fenêtre du grenier ouvrant sur le toit, Daniel gagna la cheminée qui desservait la salle à manger et la bibliothèque.

« Regardez ! dit Bob. Il y a des échelons de fer encastrés sur un côté. Monsieur le fantôme n'a même pas à entreprendre une escalade difficile. »

Daniel proposa de jouer au père Noël.

Arrivé au sommet de la maçonnerie, il regarda dans le conduit. Sans doute y vit-il quelque chose d'intéressant, car il se pencha un peu plus. Son pied glissa sur le dernier échelon et il plongea, la tête la première, dans la cheminée.

Chapitre 17

Une remontée difficile

« Oh ! » hurla Bess.

En un éclair, elle opéra un rétablissement sur l'appui de la fenêtre, se retrouva sur le toit, franchit l'espace qui la séparait de la cheminée et gravit les échelons. Se penchant, elle aperçut les jambes de Daniel qui s'agitaient désespérément. Il n'était pas tombé jusqu'en bas.

« Es-tu blessé ? » demanda-t-elle avec anxiété.

Une réponse inintelligible lui parvint.

Arrivés à leur tour au pied de la cheminée, Marion et Bob s'enquirent de ce qui s'était passé.

« Daniel est coincé. Je crois cependant que nous parviendrons à le sortir de là, répondit Bess. Montez vite. Les échelons sont larges, nous y tiendrons tous les trois. »

Sans un mot, Marion et Bob firent ce qu'elle demandait. Bob saisit une jambe de Daniel tandis que les deux cousines se chargeaient de l'autre. Marion et Bob se trouvaient dans une position assez précaire, Bess étant la seule à avoir les deux pieds calés sur la barre de fer. Ils risquaient de perdre l'équilibre en essayant de tirer leur ami.

« Attention! recommanda Bess. Un accident suffit pour aujourd'hui. »

Daniel semblait être dans l'incapacité de joindre ses efforts aux leurs. Marion devina que sa tête et ses épaules étaient prises dans un des conduits. Le malheureux se mit à tousser. Plus aucun doute : il respirait de la suie.

« Tirons! ordonna Bob, inquiet. Un, deux, trois. »

Tous ensemble, ils tirèrent et réussirent à remonter Daniel de vingt centimètres. Quelques paroles étouffées parvinrent aux oreilles des sauveteurs. Bess entendit :

« Ne vous inquiétez pas. Allez-y! »

Bob lui cria de retenir sa respiration.

« Cela nous facilitera la tâche. »

De nouveau, Bob et les deux cousines tirèrent. Cette fois, la voix de Daniel parvint plus claire et il put s'aider.

Peu à peu, il remonta et, bientôt, il fut complètement sorti de la cheminée. Mais quelle vision il offrait! il était noir de la tête aux pieds. Par miracle, il ne semblait pas blessé.

« Tu es sûr de ne rien avoir? demanda Bess.

— Sûr et certain. Et pourtant, je ne mérite pas ma chance. Je peux me vanter d'être l'étudiant le plus stupide de tout Emerson.

— Et le plus sale! ajouta Bess, impitoyable. Tu ressembles à un fantôme noir. »

Un éclat de rire général salua ces paroles.

Reprenant son sérieux, Marion s'informa de ce que Daniel avait vu d'intéressant au cours de sa descente intempestive.

« Rien de particulier, si ce n'est qu'il y a deux conduits et non un seul comme je l'aurais cru. Je ne suis qu'un piètre détective. Si vous le permettez maintenant, je prendrais volontiers une douche. »

Bess traversa le toit et regagna le grenier par la fenêtre. Les autres la suivirent. Quand ils furent au premier étage, Bess conseilla à Bob d'aller rapidement chercher un costume et du linge propre pour Daniel.

« Cela me paraît indispensable », approuva celui-ci.

Tandis que Daniel était dans la salle de bain, enlevant la suie qui le couvrait, les deux cousines racontaient l'incident à Mme Holmann. Elle hocha la tête en riant.

« On peut dire que vous accumulez les aventures et mésaventures, vous autres jeunes gens ! dit-elle.

— Celle-là, nous ne saurions la reprocher à Alice. Elle n'en est pas responsable », répondit Bess.

Marion remarqua un bloc-notes et un crayon suspendus au bout d'une ficelle. Elle les prit et se mit à dessiner. Très occupées à épiloguer sur la chute de Daniel dans la cheminée, ni Mme Holmann ni Bess ne prêtèrent attention à ce qu'elle faisait.

Bientôt, Bob revint avec un complet propre qu'il monta à son ami.

Marion continuait à dessiner, Mme Holmann et Bess à bavarder de choses et d'autres.

Quand tous se trouvèrent de nouveau réunis, Marion tendit son œuvre à Daniel qui partit d'un fou rire. Le dessin représentait une cheminée dans laquelle Daniel, en père Noël, plongeait tête la première ; au-dessous, on lisait : « Le Père Noël se précipite à la rencontre du fantôme. »

« Le père Noël apporte toujours des cadeaux. Il ne me reste donc plus qu'à m'exécuter, dit Daniel. Je vous invite tous au restaurant, à condition que vous en choisissiez un où l'on ne me videra pas les poches.

— Nous te prenons au mot, déclara Marion en lui faisant une grimace. Inutile de revenir sur ce que tu as dit. Ce soir, nous sommes tes invités. »

Finalement, après d'amicales discussions, les quatre jeunes gens décidèrent d'aller à *L'Escargot* ; ils en donnèrent l'adresse à Mme Holmann, pour le cas où Ned et Alice manifesteraient le désir de les rejoindre.

Ceux-ci n'y songeaient guère, à ce moment-là. Après avoir nagé quelque temps, ils avaient examiné le fond à la lumière des projecteurs qu'ils portaient sur la tête. Tout à coup, le cœur d'Alice se mit à battre d'émotion : au-dessous d'eux, une grande carcasse se profilait. La *Lucie Belle !* Le navire était, comme le disait sa légende, enfoncé dans une vallée fluviale et particulièrement recouverte d'algues et de vase.

Alice contourna à la nage le pont, essayant de repérer les écoutilles. N'en voyant aucune, elle monta sur le pont et regarda par les interstices.

Alors arriva ce qu'elle aurait dû prévoir : le bois pourri céda brusquement et avant qu'Alice pût donner des coups de pied pour remonter, elle avait basculé à l'intérieur. Son tuyau se coinça dans les planches brisées et l'oxygène lui manqua.

En une seconde, Ned fut auprès d'elle. Doucement, il la tira hors du trou et redressa le tuyau. Elle inclina la tête en signe de remerciement. La peur l'avait laissée sans force et Ned jugea prudent de l'entraîner loin de l'endroit dangereux.

Par gestes, il lui fit comprendre qu'il serait plus sage de remonter.

Mais Alice venait de respirer plusieurs fois à fond et elle se sentait revigorée. Montrant de la main la cale du navire, elle se mit à nager autour, espérant trouver une ouverture.

«Je voudrais inspecter la cale», expliqua-t-elle, toujours par gestes, à Ned.

A l'extrémité du navire, ils virent un vaste orifice dont la fermeture n'existait plus. C'était sans doute par là que la cargaison était embarquée et débarquée.

Avec leurs projecteurs éclairant au maximum, Alice et Ned s'y introduisirent. Comme ils s'y attendaient, ils se trouvèrent dans la salle des machines où l'explosion fatale s'était produite. Ils traversèrent à la nage les parois éclatées. C'était bien la cale du vapeur. Mais elle ne contenait rien. Ils se demandèrent ce qu'étaient devenus les trésors qu'elle renfermait.

«Ces dernières années, des plongeurs clandestins s'en sont emparés», se disait Ned.

Alice pensait de même. Quelque chose pourtant lui disait que le coffre aux pièces d'or et celui qui était destiné aux Rorick avaient été emportés, lors du naufrage, par certains des survivants.

Les deux jeunes gens sortirent de la cale et Ned, de nouveau, fit signe qu'il fallait remonter. Alice secoua négativement la tête. Une idée venait de lui traverser l'esprit : le niveau de l'affluent était plus élevé maintenant que dans les années 1700. Il était donc possible qu'il y ait des grottes le long de la côte et que l'une d'elles recelât le trésor.

« Si quelque chose est arrivé aux rescapés avant qu'ils aient pu retourner le chercher, réfléchissait-elle, il y est encore. »

Elle se dirigea vers le rivage qu'elle longea rapidement, en quête de grottes. Elle n'en vit aucune. Enfin Ned réussit à lui faire entendre raison ; leur réserve d'oxygène commençait à s'épuiser ; impossible de s'attarder une minute de plus.

Ils reprirent pied près de l'endroit où ils avaient laissé la voiture. Après avoir retiré leur combinaison, ils s'assirent, épuisés de fatigue ; le soleil couchant était encore assez chaud pour les sécher.

« Je suis dégoûtée, dit Alice. Cette expédition ne nous a rien appris.

— Vous m'étonnez, mademoiselle la détective, répondit Ned en riant. Vous m'avez répété maintes et maintes fois que les fausses pistes mènent parfois sur la bonne voie. »

Alice sourit.

« C'est exact. En tout cas, nous avons acquis la conviction que les trésors ne sont ni dans la cale de la *Lucie Belle,* ni au fond d'une grotte le long de cette rive. »

Dès qu'ils furent réchauffés, ils regagnèrent le cabriolet. Alice enfila sa robe et chaussa ses babouches, tandis que Ned mettait chemise et pantalon.

Il jeta un coup d'œil à la pendule du tableau de bord et fit remarquer à Alice qu'il était l'heure de dîner.

« N'avons-nous pas promis de retrouver les autres ? demanda-t-il.

— Oui, si nous y réussissons. Avant de rentrer au manoir, j'aimerais passer au commissariat de police ; les inspecteurs ont peut-être mis la main sur quelque suspect. »

Ned y consentit et la déposa devant le commissariat. Alice fut accueillie par un jeune inspecteur qui lui apprit que deux perceurs de coffres-forts avaient été appréhendés pour interrogatoire. Ils étaient tous deux grands et ne correspondaient pas à la description du voleur-fantôme.

« Je vous remercie », dit Alice, dépitée.

Quand elle fut de nouveau installée dans la voiture à côté de Ned, elle lui transmit ces renseignements.

« Je soupçonnais un homme, mince et de taille moyenne, d'être le fantôme, ajouta-t-elle. Je me demande si je ne me suis pas trompée. Qu'en penses-tu ?

— Alice, tu es impayable. Pourquoi me poses-tu des questions auxquelles je suis incapable de répondre ? »

Il mit le moteur en marche. A peine avait-il gagné le croisement suivant qu'Alice lui posait la main sur le bras.

« Tourne à gauche, je t'en prie.

— Quelle idée! s'étonna Ned. Ce n'est pas par là que l'on va au manoir.»

Alice lui répondit qu'ils étaient à deux pas de la pension de famille où logeait Fred.

«Je le soupçonne d'être mêlé à cette affaire, à titre de simple comparse. Quoi qu'il en soit, nous ne risquons rien à aller rôder autour de son habitation. Qui sait?»

Ned tourna à gauche et Alice lui indiqua le chemin à suivre. Comme ils approchaient de la maison, elle s'écria soudain.

«Tiens! Le voilà qui sort. Vois un peu qui l'accompagne! L'homme que Bess, Marion et moi nous avons entrevu dans la pinède. Nous croyons que c'est lui le fantôme!

— Qui est-ce?

— Le père de Fred. Oh! Ned, quelle chance! Il est possible qu'enfin nous apprenions quelque chose qui en vaille la peine! Suivons-les.»

Chapitre 18

Un serrurier trop discret

Fred et l'homme qui l'accompagnait marchaient et ne se retournèrent pas une seule fois, à la grande satisfaction d'Alice : ainsi ne s'apercevraient-il pas qu'elle les suivait.

Après avoir parcouru deux cents mètres environ, ils entrèrent dans un garage. Ned se rangea contre le trottoir, un peu plus loin, et attendit les instructions d'Alice. Au bout de quelques minutes, ils assistèrent à la sortie d'une vieille guimbarde, toute cabossée. Fred tenait le volant. L'homme de taille moyenne était assis à côté de lui.

« En route ! commanda Alice. Tâche de rester à cent mètres derrière eux. »

Cette poursuite les mena assez loin dans la campagne. Ned s'occupait uniquement de conduire, Alice, elle, ne quittait pas du regard les deux hommes. Autant qu'elle pouvait s'en rendre compte, ils ne prêtaient aucune attention au cabriolet et à ses occupants. A un moment donné, Fred s'engagea dans un sentier de terre très étroit qui menait au fleuve.

«Continuons-nous? demanda Ned en freinant.

— Non, pas avec la voiture, répondit Alice. Garons-nous à l'abri de ces arbres. Nous reprendrons la filature à pied.

— Comme tu voudras.»

Ned releva le toit, ferma le cabriolet, mit les clefs dans sa poche et suivit Alice sur le sentier. La sécheresse sévissait depuis plusieurs jours et le chemin était très poussiéreux. On distinguait sans peine les traces des pneus de la voiture de Fred.

Alice marchait sur l'herbe du bas-côté; elle pria Ned d'en faire autant.

«C'est, lui dit-elle, plus agréable et offre l'avantage de ne pas garder l'empreinte des pieds, chose précieuse dans le cas présent.»

Tout à coup, elle s'arrêta net.

«J'entends une voiture. On dirait qu'elle s'éloigne du fleuve en direction de la grande route.

— Fred a sans doute déposé son passager sur la rive et a pris un autre sentier pour revenir.»

Alice accéléra l'allure sans répondre. Quelques minutes plus tard, Ned et elle apercevaient l'eau. Le chemin formait un coude à droite et aboutissait à une petite clairière où se dressait une cabane en ruine. La voiture de Fred n'était plus en vue.

«Il est reparti par là, dit Alice en tendant la main vers une prairie qui s'étendait plus loin.

« Ce qui veut dire qu'ils nous ont repérés, sinon ils auraient repris le sentier.

— Que venaient-ils faire dans cette cabane ? » murmura Alice, songeuse.

Elle fit un pas en avant, Ned la retint.

« C'est à moi d'y aller d'abord », protesta-t-il.

Il frappa à la porte. Aucune réponse.

Après avoir frappé de nouveau, les deux jeunes gens conclurent que la cabane était vide. Ned tourna la poignée. La porte s'ouvrit sans peine. Personne, dans l'unique grande pièce.

« Reste de garde à la porte, Alice, dit Ned. Je vais fouiller la cabane par mesure de prudence. On ne sait jamais... nous y trouverons peut-être un indice. »

Alice inspecta du regard le sentier et le champ, puis se tourna pour voir ce que Ned faisait. Il ouvrait les placards. Tout en riant, il se mit à fredonner :

« Ned le curieux ouvre les armoires
Pour découvrir un indice
Et satisfaire Alice
Qui refuse de croire
A une telle malice...

« Ouf ! fit-il, je suis à court d'inspiration.

— Quel bonheur ! répliqua la jeune fille, taquine, car cet échantillon de tes œuvres poétiques est loin d'être génial, il s'en faut ! »

Les deux amis rirent de bon cœur. Alice allait donner le signal du départ quand Ned fit glisser un panneau situé sous l'évier. Oubliant qu'il avait invité la jeune fille à rester de garde a l'entrée, il l'appela :

« Viens vite ! »

Elle traversa la pièce en courant et le vit sortir une lourde machine qu'elle contempla avec étonnement.

« C'est une machine à fabriquer les clefs !

— Oui, sans aucun doute. »

Ned plongea la main au fond du placard.

« Et il y a aussi des boîtes et des boîtes contenant des blocs d'acier. C'est un atelier clandestin.

— Et le serrurier ne doit être autre que le père de Fred. Si je ne me trompe pas, cet appareil lui permet de reproduire n'importe quelle clef. »

Ned leva les yeux vers elle.

« Crois-tu que ce soit lui qui ouvre les portes — n'importe quelle porte du manoir Rorick ? En d'autres termes, vas-tu jusqu'à penser qu'il est le voleur-fantôme ?

— J'en ai la ferme conviction.

— Dans ce cas, apportons la machine et les blocs au commissariat et faisons part de nos soupçons aux inspecteurs.

— Je suis d'accord pour apporter la machine au commissariat mais je ne possède pas la moindre preuve qui me permette d'accuser Fred ou son père. Je préfère ne pas citer leurs noms avant d'être certaine de leur culpabilité. »

La machine étant très lourde, Ned décida d'aller chercher la voiture. Sur son conseil, Alice se cacha, durant son absence, derrière un bouquet d'arbustes, car les deux hommes risquaient de revenir. Toutefois, personne ne troubla le silence ; sans être dérangés, les jeunes gens chargèrent la machine et les blocs dans le cabriolet.

Ned prit le chemin du poste de police. Ce

fut le commissaire lui-même qui les reçut. Il se montra vivement intéressé par le récit des jeunes gens et les félicita d'avoir apporté la machine.

« Je vais faire surveiller la cabane par mes hommes », ajouta-t-il.

Comme Alice et Ned remontaient en cabriolet, Alice eut une nouvelle idée.

« Pourrions-nous passer chez un marchand de couleurs ? demanda-t-elle.

— Oui, si tu veux. Pourquoi ?

— Si les voleurs ne disposent plus de machine à fabriquer des clefs, ils ne pourront plus en reproduire. Il nous suffira donc de mettre un nouveau cadenas à la porte de la bibliothèque pour que le fantôme ne puisse plus s'y introduire.

— Tu as raison. »

Ils achetèrent un nouveau cadenas comportant un système d'alarme et reprirent le chemin du manoir.

Mme Holmann leur apprit que Bess, Marion, Bob et Daniel étaient partis et elle leur indiqua l'adresse du restaurant où ils devaient dîner. Sur ces entrefaites, M. Rorick apparut sur le seuil de la salle à manger et invita les jeunes gens à dîner.

« Comme cela, vous pourrez nous raconter vos faits et gestes de l'après-midi », approuva la gouvernante.

Ned sourit, huma l'air et dit :

« Je sens un fumet délicieux. Comment refuser ? »

Quelques minutes plus tard, ils étaient tous les quatre réunis autour de la table. Le récit de la chute de Daniel dans la cheminée fit rire aux larmes les deux jeunes gens. Ils relatèrent ensuite leurs propres aventures et apprirent à M. Rorick qu'ils avaient acheté un nouveau cadenas.

« Dernier modèle », dit Ned.

Il le sortit de sa poche, en expliqua le mécanisme et ajouta :

« L'employé du magasin nous a affirmé qu'il venait de le recevoir. Il ne l'avait encore montré à personne.

— Son système d'alarme est très perfectionné, intervint Alice. Si quelqu'un l'effleure seulement, nous en serons avertis aussitôt.

— Parfait! approuva M. Rorick.

— Je vais enfin dormir sur mes deux oreilles », ajouta Mme Holmann.

Alice leur fit part d'un plan qu'elle avait conçu et qu'elle comptait mettre en pratique après le dîner.

« Oncle John, auriez-vous la bonté de vous rendre dans la bibliothèque, dès que l'obscurité sera complète, et d'allumer toutes les lampes. Surtout, ne fermez pas les rideaux. Prenez les billets qui sont dans votre portefeuille et placez-les dans deux livres commençant par R et O, comme vous en aviez l'habitude. Faites bien attention de les placer à la page correspondant à leur nombre. »

Oncle John sourit.

« Vous voulez prendre au piège le fantôme, dit-il.

— Oui. S'il vous surveille, je suis persuadée qu'il ne résistera pas à la bonne occasion de s'emparer de cet argent. »

Mme Holmann fit observer que cette mise en scène n'était autre qu'une invite faite au voleur de pénétrer dans le manoir.

« Il est vrai que le jeu en vaut la chandelle », ajouta-t-elle.

Vers dix heures, Bess, Marion, Bob et Daniel revinrent et, tous ensemble, ils bavardèrent un moment. Comme Alice l'en avait prié, M. Rorick avait caché son argent entre les pages de deux livres et fermé la porte de la bibliothèque avec le nouveau cadenas. Chacun avait l'impression que l'on était sur le point d'éluci-dcr lc mystère. Ned, Bob et Daniel offrirent de rester de garde, la nuit, mais M. Rorick se déclara en mesure de faire face à n'importe quelle situation.

Les trois étudiants prirent congé à onze heures. Après avoir verrouillé avec soin les portes et les fenêtres, l'oncle John, Mme Holmann, Alice, Marion et Bess regagnèrent leurs chambres respectives.

Si Bess et Marion s'endormirent aussitôt, Alice n'y parvint pas. Très agitée, elle ne cessait de se lever, d'aller à la fenêtre. Vers minuit, elle aperçut une lueur mouvante dans la pinède.

« Le fantôme se promène », se dit-elle.

Elle resta aux aguets un certain temps. La lumière disparut. Le mystérieux personnage était-il en route vers le manoir ? S'y introduisait-il par quelque ouverture connue de lui seul et serait-il ensuite arrêté par le cadenas ? Tendue, Alice écoutait. Le signal d'alarme allait-il se déclencher ? Que de points d'interrogation !

Les minutes s'écoulaient. Le silence devenait insoutenable. La nuit fraîchissait. Alice frissonna et retourna dans son lit. Elle resta aux écoutes. Pas le moindre bruit montant du rez-de-chaussée. Epuisée, la jeune fille s'endormit.

Au réveil, chacun déclara n'avoir pas entendu le signal.

« Voyons si l'argent est toujours dans la bibliothèque, suggéra Mme Holmann. S'il a été volé, nous saurons que le coupable est bel et bien un fantôme qui traverse les murs sans encombre. »

Les autres se déclarèrent sûrs que les billets étaient encore dans les livres.

Ensemble, ils se dirigèrent vers la bibliothèque. Alice ouvrit le cadenas et entra, suivie de tous les habitants du manoir. M. Rorick alla droit à un rayon, prit les deux livres. Il ouvrit le premier.

Une expression de stupeur se peignit sur son visage. Il retourna le livre, le secoua. Pas un seul billet ne tomba à terre.

Chapitre 19

Un curieux passage

L'affaire prenait une étrange tournure. Alice alla vers Mme Holmann et l'entoura de ses bras.

« Vous avez raison depuis le début : le fantôme traverse les murs.

— Enfin vous vous rangez à mon avis! » soupira la gouvernante, les yeux mouillés de larmes.

Toujours pratique, Marion demanda :

« Oui, mais quel mur? »

M. Rorick restait muet. Il ne parvenait pas à imaginer comment cela s'était produit. De nouveau, le fantôme s'était emparé de son argent sans laisser la moindre trace de son passage. Par où entrait-il, par où sortait-il? Le vieil homme secouait la tête, comme pour chasser ces pensées qui lui causaient un grand trouble.

Alice répondit enfin à la question de Marion.

« Comme vous le savez, j'ai inspecté la pièce dans les plus petits coins et recoins, le commissaire de police et son adjoint en ont fait autant.

Il y a cependant un passage que je n'ai pas envisagé.

— Et c'est ?

— La cheminée.

— Que nous contes-tu là ? Comment le fantôme pourrait-il traverser des briques, des briques pleines, en plus, puisque aucune ne rend un son creux. Tu t'en es assurée toi-même. »

Marion claqua des doigts.

« Quand nous étions sur le toit, Daniel a vu deux conduits, qui formaient des coudes en sens opposés avant de s'élever dans la cheminée. Est-ce que cette constatation t'éclaire ? demanda-t-elle.

— Oui. Que n'ai-je su cela plus tôt ! »

Alice passa la tête dans la cheminée de la bibliothèque, puis courut à la salle à manger où elle fit la même chose. Quelques secondes après, elle était de retour.

« Quand on est face à cette cheminée, les conduits, assez écartés, partent l'un vers la gauche, l'autre vers la droite, dit-elle. Je me demande s'il n'y aurait pas entre eux une communication qui permettrait d'accéder d'ici à la salle à manger ! »

Tous fixèrent du regard le panneau de bois qui recouvrait le mur entre le manteau et le plafond. Pour la première fois, Alice remarqua la largeur du manteau : elle était suffisante pour permettre à une personne de se tenir debout. La jeune fille se hissa dessus et se mit à marteler la boiserie. Tout à coup, sa bouche se fendit en un large sourire.

« J'entends un son creux ! » s'exclama-t-elle.

Alice chercha longtemps un ressort caché. Elle appuya les doigts à divers endroits de chaque panneau, essaya de les soulever ou de les faire glisser. A sa vive déception, elle ne réussit pas à déceler l'existence d'une porte secrète. Ne voulant pas admettre sa défaite, elle s'acharna.

Bien que les panneaux fussent étroitement serrés les uns contre les autres, Alice était persuadée qu'un mécanisme dissimulé avec une grande habileté en reliait deux.

« Bess, va me chercher une lime à ongles, la plus fine possible », commanda-t-elle.

En moins d'une minute, Bess revint avec l'objet demandé. Alice l'inséra entre le panneau sonnant creux et le suivant.

Joie! Ses efforts furent récompensés. La lime fit jouer un mince levier et toute la section au-dessus du manteau ayant basculé elle se retrouva un peu brutalement sur le plancher.

« Hip! Hip! Hurrah! Tu es la plus grande détective des temps modernes! » clama Bess en aidant son amie à se remettre debout.

Levant les yeux, ils virent tous un passage sombre, étroit, qui devait aboutir dans la salle à manger.

« Allons nous en assurer! » dit Alice en se précipitant dans l'autre pièce, suivie de ses fidèles adjointes, de M. Rorick et de Mme Holmann.

Alice déplaça les chandeliers à trois branches qui ornaient la tablette, se hissa sur ce support et inséra la lime dans le panneau qui faisait vis-à-vis à celui de la bibliothèque. Une haute porte étroite, allant de la tablette au plafond, s'ouvrit.

La surprise cloua M. Rorick sur place.

« N'est-il pas étrange que ce secret n'ait pas

été transmis de génération en génération dans ma famille? murmura-t-il.

— Le voleur et Alice l'ont découvert, dit Marion. Bravo, Alice! Tu as élucidé le mystère du fantôme! Il pénétrait par ce boyau dans la bibliothèque, exécutait ses vols, puis, hop! il sautait sur la tablette, fermait les portes derrière lui et revenait ici.»

Mme Holmann était restée sans voix. Enfin, elle retrouva la parole :

«Il faut téléphoner à la police tout de suite et faire arrêter le voleur.»

Alice intervint :

«Je vous en supplie, ne bougez pas. Je voudrais le capturer moi-même, ou plutôt non, pas le capturer mais découvrir ce qui l'attire ici en plus de l'argent et de la collection de pièces.»

Elle tourna un regard implorant vers M. Rorick. Après avoir réfléchi, celui-ci répondit :

«Je vous dois bien cela, Alice. Vous avez mérité qu'on vous laisse libre d'agir à votre guise. Toutefois, j'y mets certaines restrictions : vous n'assumerez pas des risques excessifs et si, demain matin, vous n'avez pas mis la main sur le misérable, nous lancerons la police à ses trousses.»

Alice se déclara d'accord sur ces deux points et remercia son hôte de sa confiance.

«Quand Fred revient-il travailler? demanda-t-elle à Mme Holmann.

— Normalement, il devrait être là de bonne heure après le déjeuner.

— C'est parfait», répondit Alice, le sourire aux lèvres.

Elle dévoila une partie de son plan d'action : quand Fred arriverait, ils se mettraient tous à parler de ce qu'ils envisageraient de faire l'après-midi. M. Rorick et Mme Holmann décideraient de se rendre à la ville et de n'en revenir que le soir, Bess, Marion et Alice d'aller faire une longue excursion, « parce que cela ne leur disait rien de rester seules au manoir avec le fantôme ». Ensuite l'oncle John annoncerait d'une voix claire qu'il avait ramené, de son récent voyage, des bijoux de famille et, avant de partir, il les enfermerait dans le coffre-fort.

« Si Fred est le complice de son père ou d'un autre, il transmettra cette nouvelle aussitôt, conclut Alice. Je suis sûre que le voleur s'introduira au plus vite dans la bibliothèque pour s'emparer des bijoux. »

Elle pria encore Mme Holmann de téléphoner au manoir à deux heures précises et de donner l'ordre à Fred d'emporter des vieilles caisses et des boîtes de conserve à la décharge se trouvant à l'écart dans le bois. Les trois jeunes filles mettraient à profit son absence momentanée pour se glisser dans la maison, entrer dans la bibliothèque par le passage secret et se cacher derrière le divan et les fauteuils.

M. Rorick réfléchit un bon moment avant de donner son consentement.

« Tout bien pesé, je ne crois pas que les risques soient grands, dit-il enfin. Vous me semblez être de taille à vous défendre. »

Alice et ses amies sourirent. Prise d'enthousiasme, Marion déclara :

« Je vais essayer le boyau afin d'en prendre l'habitude. »

Elle se hissa sur la tablette de la cheminée et s'engagea dans le sombre passage. Etant donné sa taille, elle dut se courber un peu. Tout à coup, elle poussa un cri de joie.

« Oncle John, j'ai retrouvé votre collection de pièces anciennes. »

Elle s'encadra dans l'ouverture de la salle à manger, portant plusieurs grands albums qu'elle tendit à M. Rorick.

« Ce n'est pas possible ! Non, ce n'est pas possible, répéta plusieurs fois l'heureux collectionneur qui n'osait en croire ses yeux.

— Pourquoi le voleur ne les a-t-il pas emportées ? fit Marion songeuse.

— Il aura peut-être eu peur, suggéra Alice. Ces albums ne sont pas faciles à dissimuler. Et puis, il ne pouvait pas écouler beaucoup de pièces à la fois, alors quelle meilleure cachette aurait-il trouvée que celle-là ? »

Elle se tut un moment, puis reprit :

« Ce qui me surprend davantage, c'est de ne pas les avoir vus tout à l'heure.

— Tu étais trop excitée par ta découverte. Tu ne voyais que le passage et tout ce qu'il signifiait, répondit Marion et, se tournant vers M. Rorick, elle ajouta : Oncle John, pourriez-vous nous dire combien de pièces vous manquent ? »

M. Rorick tourna rapidement les pages des divers livres et poussa un soupir de soulagement.

« Le voleur n'en a pris que quelques-unes dont la valeur totale n'excède pas quatre cents dollars. Les spécimens les plus précieux sont encore là. C'était une folie de les garder chez moi mais j'avais tant de plaisir à les contempler que je n'ai pas eu le courage de m'en séparer.

— Ne serait-il pas prudent de les confier tout de suite à une banque? dit Bess.

— Pourquoi ne pas les laisser là où le voleur les a cachées? intervint Alice. Si nous les enlevons, il comprendra que le passage secret a été découvert et il se gardera de pénétrer dans la bibliothèque. Nous perdrons ainsi toutes nos chances de le prendre sur le fait. »

M. Rorick fut de cet avis et Marion remit les albums là où elle les avait pris.

Nerveusement, Mme Holmann jetait des regards à son bracelet-montre.

« Fred arrive parfois en avance, se décida-t-elle à dire. Fermons ces portes et feignons d'être très absorbés par une tâche quelconque, de crainte d'éveiller ses soupçons. »

Le jeune homme se présenta pendant que M. Rorick et ses invitées déjeunaient en compagnie de Mme Holmann. Celle-ci le pria de balayer le vestibule, d'où il pourrait entendre leur conversation. Bientôt, des bruits de pelle, de balai leur annonçaient que Fred était à portée d'oreille. Alors ils se mirent à discuter de leurs projets pour l'après-midi.

Vers une heure trente, tous, à l'exception de Fred, étaient prêts à quitter la maison. A une heure trente-cinq, ils étaient partis. A deux heures, Mme Holmann téléphona à Fred. Entretemps, Alice, Bess et Marion étaient revenues près du manoir et se dissimulaient derrière des arbustes. Quand elles virent Fred emporter les ordures dans une brouette et s'éloigner en direction du bois, elles se dépêchèrent d'entrer dans la maison. A trois heures, elles étaient dans la bibliothèque, cachées du mieux qu'elles pouvaient.

Elles ne quittaient pas des yeux la cheminée. A trois heures trente exactement, la porte secrète s'ouvrit. Un homme apparut dans l'ouverture et sauta à terre. C'était le compagnon de Fred. Il portait des gants et avait des chaussettes aux pieds mais pas de souliers.

« Il n'y a rien d'étonnant à ce qu'il n'ait jamais laissé ni empreintes digitales, ni traces de pas », se dit Alice.

L'intrus alla directement au coffre-fort, s'agenouilla et lentement fit tourner le cadran en avant, en arrière et de nouveau en avant. Enfin, la porte vira sur ses gonds. Le voleur s'empara d'un écrin en velours, contenant les faux bijoux que M. Rorick y avait déposés, referma le coffre et se dirigea vers la cheminée.

« Si nous ne le capturons pas tout de suite, il va s'enfuir et emporter avec lui la collection de pièces », se dit Alice.

Aussi souple et rapide qu'une panthère, Alice sortit de sa cachette et bondit dans le dos du voleur.

« Haut les mains, monsieur le fantôme ! » cria-t-elle.

La jeune fille avait escompté que le voleur ne se retournerait pas et, ainsi, ne verrait pas qu'elle était désarmée.

Grave erreur ! L'homme tira de sa poche un revolver de défense et lança un jet de gaz anesthésiant à la tête d'Alice, qui tomba à terre, inconsciente. L'homme bondit sur la tablette.

Comme Marion tentait de lui barrer le passage, il se tourna et appuya de nouveau sur la détente. Marion s'effondra à son tour.

Bess assistait à la scène, horrifiée. Si elle bougeait, le voleur lui ferait subir le même traitement qu'à ses amies, et elle ne pourrait leur être d'aucun secours.

« Que faire ? Que faire ? » se demandait-elle dans un état proche de la panique.

Chapitre 20

Le trésor retrouvé

Très vite, Bess reprit ses esprits. Elle se dressa et cria : « Ne bougez pas! »

D'un geste rapide, elle saisit un livre relié en cuir et orné d'un gros fermoir en cuivre ouvragé.

Comme le voleur pivotait sur lui-même, revolver toujours au poing, Bess lança à pleine volée le livre qui heurta la main du misérable et fit tomber l'arme.

Sous le choc, l'homme chancela. Il tenta en vain de reprendre un équilibre difficile sur l'étroite tablette, n'y parvint pas et bascula à terre. Sa tête heurta rudement le parquet et il perdit connaissance.

Aussitôt, Bess se hissa prestement sur la cheminée, franchit le sombre boyau. Malgré le tremblement qui lui coupait les jambes, elle courut au téléphone.

Prenant le combiné, elle composa le numéro du commissariat de police et cria :

« Venez, venez tout de suite chez M. Rorick

et amenez un médecin! Il y a un voleur et trois personnes inconscientes.»

Elle entendit un cri de stupeur et raccrocha. Toute seconde était précieuse. Il fallait que le message fût transmis sur-le-champ au commissaire; de plus longues explications auraient retardé l'arrivée des secours. Incapable de se tenir debout, Bess s'assit dans un fauteuil. Les inspecteurs et le médecin arriveraient-ils avant que le voleur ne rouvre les yeux et soit capable de s'enfuir? Elle se sentait trop faible pour le maîtriser seule.

Malgré l'angoisse qui la tenaillait, elle s'aperçut que la porte de la cuisine s'ouvrait. De sa place, elle vit Fred entrer.

«Seigneur!... Comment le retenir ici? se demanda-t-elle. S'il découvre le corps de son père, tout est perdu.»

Le seul moyen qui lui vint à l'esprit fut de bavarder avec lui. Rassemblant tout le courage dont elle disposait, elle se leva, entra dans la cuisine et adressa un beau sourire à Fred.

«Vous paraissez surpris de me voir, dit-elle.

— Oui... oui..., bégaya le jeune homme. Je croyais que vous deviez être absentes tout l'après-midi, vous et vos amies.»

Bess se mit à rire.

«Oh! vous savez! Avec nous autres filles, rien n'est jamais certain. Notre humeur est si changeante! Alice est furieuse contre moi. Figurez-vous que nous étions déjà assez loin d'ici lorsque je les ai obligées à revenir. J'avais oublié mon portefeuille. J'en ai profité pour téléphoner à un ami. Dites-moi, Fred, avez-vous une fiancée?

— Heu!... n...non.»

Fred regardait autour de lui, visiblement mal à l'aise. Enfin, il demanda :

« Vous êtes seule ? »

Bess rit de nouveau.

« Apparemment, oui, à moins que je n'aie avalé mes amies. Il est vrai que j'ai un peu d'embonpoint, mais ce n'est pas gentil de me le faire remarquer, même sous une forme déguisée. Si vous me trouvez trop grosse, je vais me mettre au régime. Comment faites-vous donc pour être aussi mince ? Confiez-moi votre secret.

— Un secret ? Je n'en ai pas. En voilà une idée ! Je suis comme je suis et ne me soucie guère de ma ligne. Dites-moi, mademoiselle, est-ce que quelqu'un est venu ici depuis que vous êtes rentrée ?

— Non. M. Rorick et Mme Holmann ne seront pas de retour avant un bon moment. Quant à Alice et Marion, elles doivent fulminer contre moi, depuis le temps qu'elles m'attendent au prochain croisement sur la grande route. Oh ! je les rejoindrai d'ici quelques minutes, dès que nous aurons fini notre causette. Fred, cela vous plaît-il vraiment d'aller chez les uns et chez les autres ? Ne préféreriez-vous pas avoir un emploi stable ? »

Sans lui laisser la possibilité de répondre, elle continua :

« Si vous envisagez de vous marier, votre femme voudra que vous ayez un travail à plein temps. »

Fred se rembrunit.

« J'aime ce que je fais. Quand repartez-vous ? »

Bess le dévisagea, faussement étonnée.

« On dirait que vous avez hâte d'être débarrassé de moi ? »

L'air de plus en plus malheureux, Fred dansait d'un pied sur l'autre, cherchant une réponse qui ne venait pas. Bess, elle, guettait le son de la voiture de police. Elle se demandait combien de temps elle réussirait à retenir Fred dans la cuisine. L'imagination commençait à lui faire défaut.

« Aimeriez-vous manger quelque chose ? » dit-elle.

Tout en parlant, elle avait ouvert la porte du réfrigérateur.

« Moi, j'ai faim et je vois un délicieux gâteau de riz. En voulez-vous une part ?

— Non.

— Que diriez-vous alors de quelques biscuits et d'un jus de tomate ?

— Non. »

Bess se laissait envahir par la panique, lorsqu'elle entendit un crissement de pneus sur le gravier de la cour, suivi d'un grincement de freins.

« Voilà mes amies ! Elles n'ont pas eu la patience de m'attendre, dit-elle à Fred. A tout à l'heure ! »

Elle sortit de la cuisine, traversa en courant le vestibule, ouvrit la porte. A son vif soulagement, le commissaire, deux inspecteurs et un médecin descendaient d'une voiture pie ; elle leur fit signe de se hâter. Ils gravirent les marches du perron et entrèrent dans le manoir. A leur vue, Fred prit son élan.

« Vite. Attrapez le jeune homme qui s'enfuit par la porte de la cuisine. Vite ! Vite ! » hurla Bess.

Les deux inspecteurs se précipitèrent et rejoignirent le fugitif.

Ramené dans la cuisine, Fred jeta un regard mauvais à Bess :

« Vous vous êtes moquée de moi.

— Ne vous en prenez qu'à vous-même. Votre père — ou l'homme qui est votre complice — est sur le sol de la bibliothèque, inconscient.

— Quoi ! s'écria Fred. Mon père est blessé.

— C'est donc votre père », dit Bess.

Se tournant vers le commissaire, elle ajouta :

« Suivez-moi, s'il vous plaît, messieurs. »

Conduisant le petit groupe dans la salle à manger, elle montra le panneau ouvert et le passage secret. Tous se regardèrent, stupéfaits.

« Dire que mes hommes et moi, nous sommes venus plusieurs fois ici sans rien deviner », dit le commissaire, beau joueur.

Les yeux de Fred lui sortaient presque de la tête.

« Vous l'avez trouvé ! Vous avez trouvé le passage ! répétait-il.

— C'est à Alice qu'en revient l'honneur, répliqua Bess. Ma cousine Marion et elle sont dans la bibliothèque, inconscientes elles aussi. Votre père s'est servi d'un revolver à gaz anesthésiant.

— Je vous en supplie, dites-moi ce qui est arrivé à mon père ? »

Quand Bess le lui eut appris, il cilla des paupières.

« Vous... vous êtes très courageuse ! » ne put-il s'empêcher de dire.

Bess ne répondit pas. Se tournant vers le commissaire, elle l'implora de ne pas s'attarder et d'aller au secours d'Alice et de Marion. Elle s'engagea dans le boyau, prit la clef du cadenas dans la poche d'Alice, revint dans la salle à manger et, faisant signe aux autres de la suivre, elle se dirigea vers la bibliothèque dont elle ouvrit la porte. Le médecin examina tout de suite les deux jeunes filles, toujours endormies. Bess ne le quittait pas du regard, les traits tirés par l'angoisse.

« Bah ! ce n'est plus l'affaire que de quelques minutes, dit-il en se relevant. Les cartouches de gaz que l'on vend avec ces revolvers ne présentent aucun danger. Quant à ce monsieur, il a une assez vilaine contusion à la tête. Son état réclame mes soins. »

Comme le docteur achevait ces mots, Alice remua et ouvrit les yeux. Marion reprit conscience peu après. Elles regardèrent avec surprise le groupe qui les entourait. Alice se passa la main sur le front, se redressa et voulut savoir ce qui s'était passé. Bess l'installa confortablement dans un fauteuil, allongea Marion sur le divan et raconta son histoire.

« Bess ! Toi que nous traitions de peureuse ! » s'écria Marion, très fière de sa cousine.

Bess se contenta de sourire. Elle voulut se lever. Ses jambes refusèrent de la porter. Maintenant que la nécessité d'agir ne la soutenait plus, elle cédait à l'émotion et elle se laissa aller contre le dossier de sa chaise.

« Fred doit être en mesure de nous apporter des éclaircissements sur cette affaire », dit-elle.

Avec un brin de vantardise, le jeune homme raconta qu'il avait découvert le passage secret, un jour, en époussetant la cheminée de la salle à manger. L'espace d'une seconde, un rayon de soleil avait fait briller la mince plaquette de métal qui joignait les deux panneaux au-dessus de la cheminée. Il avait glissé son couteau à cet endroit et, à son vif étonnement, la porte avait basculé. Le reste n'avait été qu'un jeu d'enfants.

« Mon père, reprit-il après un bref silence, a deux amis qui savent pas mal de choses au sujet du naufrage de la *Lucie Belle.* Ils pensent que les rescapés ont transporté un trésor à terre et l'ont caché dans les parages. Poursuivant cette idée, ils sont allés à la bibliothèque municipale et à celle de l'université, dans l'espoir de trouver des documents qui leur en apprennent davantage. Leur démarche a été inutile.

— Ce sont sans doute eux que Ned a entendus discuter un jour à la bibliothèque, dit Alice.

— Ils nous ont aidés à vous suivre partout où vous alliez, reprit Fred. John et Hank sont des types malins. Oh! qu'ai-je fait? Je n'aurais pas dû les nommer. »

Alice avait vu que les inspecteurs prenaient des notes. Les complices de Fred et de son père ne jouiraient plus longtemps de la liberté.

Fred haussa les épaules, fataliste, et reprit :

« A nous quatre, nous avons cherché, creusé, mais nous n'avons pas eu de chance. J'avais parlé à mon père des livres que contenait la bibliothèque de M. Rorick ; aussitôt, il a voulu les consulter. Dans tous ces documents, il se faisait fort d'en trouver un qui nous permettrait de découvrir le trésor. Pendant qu'il les feuilletait, je restais de garde à la porte.

— Si vous teniez tellement au secret, pourquoi avoir promené cette lumière dans la pinède? interrogea Alice.

— C'est moi qui en ai eu l'idée. J'avais entendu Mme Holmann dire que seul un fantôme pourrait s'introduire dans la bibliothèque. J'ai pensé qu'en semant la terreur, nous pourrions opérer nos recherches en toute tranquillité. Et sur le terrain, là-bas, nous prenions la précaution de recouvrir de feuilles les trous que nous avions creusés.

— Qu'avez-vous fait de l'argent que vous vous êtes approprié?» demanda Alice.

Fred parut étonné.

«Je ne vois pas ce que vous voulez dire! Quel argent?

— L'argent que vous avez pris dans cette pièce.» Entre-temps, le médecin avait ranimé le père de Fred. On le fit asseoir sur une chaise.

«Dès que vous vous sentirez mieux, *parlez!*» commanda le commissaire.

L'homme promena autour de lui un regard morne; tandis qu'il l'arrêtait sur Alice, Marion et Bess, une lueur mauvaise l'éclaira. Pressé de questions par Alice, le malfaiteur finit par tout avouer.

«Je suis serrurier de mon état et perceur de coffres-forts à mes moments perdus», dit-il avec arrogance.

Il reconnut que l'outillage trouvé dans la cabane lui appartenait et lui avait permis de reproduire les diverses clefs du manoir.

«Mais alors, pourquoi avoir utilisé le passage secret? s'étonna Marion.

— Pour m'y cacher en cas de besoin et vous espionner à loisir. Je m'y suis souvent réfugié, pendant que vous étiez dans l'une ou l'autre pièce.»

Le commissaire lui demanda pour quelle raison il avait attendu si longtemps avant d'ouvrir le coffre-fort. L'homme déclara que la combinaison était très compliquée et lui avait donné «beaucoup de fil à retordre».

«Etait-ce pour ne pas éveiller les soupçons que vous ne préleviez que de petites sommes dans les livres?» interrogea Alice.

Le père de Fred prit un air entendu.

«De cette manière, il y avait de grandes chances pour que M. Rorick ne remarque rien. Un billet par-ci, un billet par-là, et le tour était joué. D'ailleurs, cela me suffisait en attendant de retrouver le trésor.»

Fred regarda son père avec réprobation.

«Qu'as-tu encore subtilisé?» lui demanda-t-il.

Braul sourit à son fils et confessa le vol des pièces anciennes.

«Celles qui manquent, ajouta-t-il, sont encore dans ma chambre, à la pension de famille.»

Il reconnut aussi avoir employé toutes sortes de moyens pour contraindre Alice à quitter le manoir. Espérant y réussir par la peur, il avait fait appel à ses amis. L'un d'eux avait éperonné le canot d'Alice et de Ned, l'autre avait poussé des cris de terreur dans les bois.

«Nous espérions vous décourager et avoir le champ libre, dit-il en se tournant vers la jeune fille.

— Est-ce vous qui avez volé mon collier de perles? demanda Alice.

— Oui. Il est caché dans la cabane, sous les planches, devant l'évier. Si je vous le dis, c'est parce que j'admire votre cran et votre flair!»

C'était bien la première fois de sa vie qu'un voleur lui restituait de plein gré ce qu'il lui avait pris! Elle fut obligée de sourire.

Pendant plus d'un quart d'heure encore, Fred et son père repondirent aux questions qui leur étaient posées. L'idée des empreintes était de M. Braul. Il connaissait un homme affligé de pouces énormes.

«Je suis sûr que cela vous a déconcertée de voir cette feuille voler au-dessus de votre tête, dit-il en riant grassement. J'étais perché dans un arbre et je me suis bien amusé. Vous regardiez partout sans me voir.»

Fred, lui, avait inventé l'histoire de l'accident survenu à Sarah et glissé la lettre de menaces sous la porte d'entrée. Son père l'ayant aidé à faire démarrer le moteur sans clef, il avait pris la voiture d'Alice pour la laver. Ils l'avaient emmenée tous deux jusqu'à la cabane où M. Braul avait fabriqué une clef de contact qui permettrait à Fred de la conduire en cas de besoin.

«Je n'ai pas laissé la clef sur le contact, précisa Fred. Si j'ai prétendu qu'elle y était, c'est parce que je voulais vous faire croire à une intervention du fantôme et...

— Ce que j'aimerais savoir, coupa Alice, c'est si, oui ou non, vous avez retrouvé tout ou partie du trésor de la *Lucie Belle*?»

M. Braul secoua la tête.

«Non. Il ne doit pas être enfoui dans les parages, comme le prétendaient mes amis.»

Le commissaire estima qu'il était temps d'en finir.

« Si vous n'avez plus de questions à poser au sujet des vols, mesdemoiselles, nous allons emmener ces deux hommes. Que M. Rorick veuille bien passer aussitôt que possible à mon bureau. »

Quand les jeunes filles se retrouvèrent seules, elles discutèrent des événements de la journée.

« L'oncle John et Mme Holmann vont être bien étonnés à leur retour. Le mystère est élucidé. »

Bess allait un peu vite. Alice rectifia :

« Un seul des deux mystères qui préoccupaient l'oncle John. N'oubliez pas qu'il nous reste à trouver les cadeaux de mariage. »

Marion déclara que, le plus important étant fait, elle votait pour regagner River City. Bess l'approuva : son cerveau, dit-elle, refusait de travailler une seconde de plus.

« Ce serait la première fois que nous abandonnerions une affaire en cours de route, protesta Alice. Réfléchissons un peu. Ah ! j'ai une idée. Supposez que les Indiens aient accueilli les rescapés avec bonté et les aient aidés à enfouir le trésor. En échange, les naufragés se seraient engagés à leur abandonner une part du butin, mais avec la ferme intention de ne pas tenir cette promesse. Lorsqu'ils seraient revenus secrètement déterrer les coffres, les Indiens les auraient surpris et, furieux d'avoir été trompés, les auraient massacrés. D'après l'ancienne carte que j'ai étudiée, le drame se serait déroulé près du village, sans doute au pied de la fameuse souche de pin que Ned a cru repérer sur le rivage.

— Les chances sont minimes, mais essayons toujours, dit Marion soudain décidée.

— Maintenant? demanda Bess.

— Oui, sans perdre une seconde.»

Une fois de plus, les jeunes filles se munirent de leurs outils et prirent la direction du village indien. A première vue, aucun pin. Sans se décourager, elles arpentèrent le terrain et localisèrent enfin une énorme souche couverte de mousse.

«Commençons», dit Alice.

Bess enfonça sa bêche dans le sol en grommelant :

«Je te conseille vivement de ne pas commettre d'erreur, cette fois-ci, Alice, car ce travail ne me séduit guère. J'ai horreur de creuser, c'est épuisant!»

Alice et Marion ne résistèrent pas au plaisir de la taquiner. La terre, durcie par la sécheresse qui sévissait depuis quelques jours, résistait à leurs coups de pioche. Elle persévérèrent cependant.

Comme elles achevaient presque de décrire un cercle autour de la souche, Marion s'écria :

«Je viens de heurter quelque chose!»

Ses amies coururent à son aide. En dix minutes, elles dégagèrent deux coffres en fer posés l'un sur l'autre. Alice gratta l'épaisse couche de rouille qui les recouvrait, et les mots *Lucie Belle* apparurent sur le couvercle du coffre supérieur.

«Nous l'avons retrouvé!» s'exclama Bess, ivre de bonheur.

En effectuant des pesées sur le manche d'une bêche dont elle avait glissé le fer dans la jointure du couvercle, Alice réussit à forcer le coffre. Les trois amies restèrent bouche bée à la vue d'un amoncellement de pièces d'or.

« Il doit y avoir des millions là-dedans ! s'écria Bess.

— Quelle richesse ! fit Marion. Et si longtemps inutile !

— Souhaitons qu'il en soit fait bon usage, soupira Alice. Je suppose que ce trésor appartient à la ville d'Emerson. Dans ce cas, une partie ira à l'université. »

Unissant leurs forces, les trois jeunes filles sortirent du trou le coffre aux pièces d'or. Alice gratta la terre et la rouille sur celui du dessous. Bientôt, le nom « Rorick » apparut, gravé dans le métal. Vivement, les jeunes filles extirpèrent ce second coffre de la tombe où il était enfoui depuis tant d'années. Alice l'ouvrit en procédant de la même manière que pour le premier. Il contenait une petite malle de cuir à couvercle bombé ; le nom d'Abigaïl Rorick y était peint.

« Les présents ! murmura Bess.

— L'oncle John possède la clef de cette malle ! » dit Alice.

Pratique, Marion questionna :

« Comment allons-nous rapporter tout cela au manoir ? Les coffres sont très lourds. »

Elles réfléchirent en silence. Alice regardait autour d'elle.

« Fabriquons une sorte de brancard à la façon indienne. »

Suivant ses directives, les deux cousines disposèrent les trois bêches à une trentaine de centimètres d'écart, puis elles ramassèrent des branches tombées qu'elles effeuillèrent et placèrent à côté l'une de l'autre, en travers de la partie métallique des bêches.

«Il va falloir fixer les coffres sur les manches», dit Bess.

Alice ne fut pas de cet avis. Si toutes trois tenaient les manches des bêches assez près du sol, les coffres ne glisseraient pas et elles pourraient avancer sans trop de peine.

Bien que la tâche fût malaisée, elles réussirent à rapporter leur précieuse cargaison. Comme elles arrivaient dans le jardin du manoir, Mme Holmann les aperçut. Une minute après, elle accourait à leur rencontre, accompagnée par l'oncle John.

«Qu'est-ce que...?» commença-t-elle. Pour toute réponse, Alice souleva le couvercle du coffre contenant les pièces d'or.

«Et vous avez la clef de la petite malle, oncle John.

— Je ne peux pas en croire mes yeux! s'écria-t-il. Comment!? A quel endroit?»

La stupéfaction profonde qui se lisait sur le visage de Mme Holmann et de M. Rorick mit un sourire sur les lèvres d'Alice.

«Nous continuons le transport des deux coffres jusque dans le vestibule, dit-elle. Pendant ce temps, voudriez-vous aller chercher la clef?»

Bientôt, l'heureux propriétaire du manoir introduisait une clef joliment ouvragée dans la serrure rouillée et, après quelques difficultés, réussissait à la faire jouer. Les jeunes filles soulevèrent le couvercle; un cri d'admiration leur échappa.

Avec mille précautions, elles sortirent une

robe de mariage merveilleusement belle et des escarpins de satin blanc, jaunis par le temps.

Le voile semblait si fragile qu'elles osaient à peine le toucher. Quant à l'éventail d'ivoire, présent d'une reine, il était peint à la main, certainement par un artiste de talent.

« Ce sont des pièces de musée! » murmura Alice, la gorge nouée par l'émotion.

Il y avait, au fond de la malle, un écrin recouvert de velours. M. Rorick pria Alice de l'ouvrir. Un ravissant diadème garni de brillants et d'émeraudes s'offrit à leur vue.

« Oh! fit Alice, le souffle coupé.

— C'est une parure de reine! » murmura Bess.

Chaque pierre semblait rivaliser d'éclat avec ses voisines. M. Rorick, Mme Holmann, les trois jeunes filles ne se lassaient pas de contempler cette merveilleuse œuvre d'art. Ce fut Marion qui reprit la première ses esprits. Elle ramena brutalement sur terre ses hôtes et ses amies.

« Et vous ne savez pas tout! Apprenez maintenant ce qui s'est passé en votre absence, oncle John! »

Elle raconta l'arrestation des voleurs. Quand elle eut achevé son récit, l'oncle John et sa gouvernante restèrent muets.

« Un trésor! Les présents d'Abigaïl! Un diadème de toute beauté! Le fantôme hors d'état de nuire. Un passage secret découvert! » bégaya enfin M. Rorick.

Il se tut une seconde, bouleversé par l'émotion, puis il reprit :

« Jamais je ne saurai assez vous remercier toutes les trois de ce que vous avez fait pour nous. Comment vous exprimer ma reconnaissance ?

— N'oubliez pas que vous nous avez accueillies lorsque nous étions sans toit », répondit Alice en riant.

M. Rorick déclara qu'il fallait célébrer l'événement.

« Nous allons inviter les diverses personnalités de l'université et de la ville.

— Et Mme Palcow, dit Alice. Je lui ai promis de la tenir au courant...

— Bien entendu, elle sera des nôtres, répondit M. Rorick. Au cours de cette fête, nous remettrons le coffre contenant les pièces d'or aux autorités municipales et nous offrirons la parure de mariée au musée d'Emerson. Quant au précieux diadème, j'ai ma petite idée là-dessus : je le donnerai à la première d'entre vous qui se mariera. »

Alice, Bess et Marion rougirent et Alice détourna la conversation.

« Peut-être le conservateur du musée serait-il content d'avoir le bout de ruban que nous avons trouvé dans la grotte indienne », dit-elle.

Une expression étrange se fit jour sur le visage du vieil homme.

« Vous... vous avez pénétré dans cette grotte ! s'exclama-t-il, à la fois surpris et désolé. J'aurais pu vous en parler et vous parler aussi du ruban. J'avais coutume de jouer dans ce refuge connu de moi seul, il y a des années de cela... J'étais jeune alors. Pourquoi ne m'avoir rien dit ? Ce sont des souvenirs qui me rappellent mon enfance...

— Je croyais vous avoir mis au courant de ma découverte», dit Alice.

Et elle en était persuadée. Néanmoins, elle ajouta gentiment :

«Je suis désolée de ne l'avoir pas fait.»

Le vieil homme se mit a rire.

«N'y pensez plus, ma jeune amie. Il nous arrive à tous d'oublier des choses de temps à autre, oui, à tous..., même, ajouta-t-il en lui caressant la main, à la meilleure des détectives!»

Table

IMPRIMÉ EN FRANCE PAR BRODARD ET TAUPIN
Usine de La Flèche, 72200.
Dépôt légal Imp : 1389F-5 – Edit : 7240.
20-07-8201-03-4 – ISBN : 2-01-016246-3.
Loi n° 49-956 du 16 juillet 1949 sur les publications destinées à la jeunesse.
Dépôt : mars 1992.